AVERTISSEMENT

Ce livre a été écrit pour les enfants. Certaines informations ont été volontairement simplifiées pour faciliter la compréhension. Par exemple, la classification des dinosaures , ainsi que les périodes géologiques, sont présentées de manière accessible pour le lecteur.

Certaines informations et descriptions s'appuient sur les théories et suppositions scientifiques les plus répandues.

Les représentations visuelles des dinosaures et des autres reptiles sont des visions d'artistes basées sur les connaissances actuelles.

IMAGES ET ILLUSTRATIONS

Toutes les illustrations des dinosaures et reptiles des pages 22 à 125 (excepté les pages 103, 114, et 126) ainsi que les pages 134-135 ont été réalisées par :

- Warpaintcobra (istockphoto.com) - toutes les illustrations exceptées celles mentionnées ci-dessous.
- Racksuz (istockphoto.com) - pour l'illustration des pages 56-57 et 92-93.
- Leonello (istockphoto.com) - pour l'illustration des pages 72-73.

Toutes les autres illustrations ont été réalisées par divers artistes de Freepik.com, notamment AntonioMori, Photographeeasia, Upklyak, Vecstock, et tant d'autres. Merci à eux pour leur travail.

Illustrations de couverture : Warpaintcobra et StockEzy.

Droit d'auteur

Dépôt légal octobre 2023 - Édition N°1.
Loi N°49-956 du 16 juillet 1949 sur les publications destinées à la jeunesse.

SOMMAIRE

INTRODUCTION

Les dinosaures sont apparus sur Terre il y a 240 millions d'années.

Mais d'où venaient-ils ? Que savons-nous réellement sur eux ?

LA VIE SUR TERRE

La Terre, notre planète, s'est formée il y a 4.5 milliards d'années.

Durant les premiers millions d'années de son existence, la Terre était une planète faite de roches en fusion, et les températures y étaient extrêmement chaudes.

Puis la Terre a commencé à se refroidir. Sa surface s'est durcie, et une atmosphère riche en azote et en dioxyde de carbone est apparue. L'eau, probablement apportée par les comètes et météorites, s'est condensée et a formé un immense océan.

Il y a environ 3.8 milliards d'années, grâce à la présence d'hydrogène, de carbone, d'oxygène et d'azote, des acides aminés (molécules indispensables à la formation des protéines) sont apparus dans les océans. Les scientifiques appellent cet ensemble la « soupe primordiale ».

Les conditions étaient ainsi réunies pour que la vie apparaisse.

-3.8 milliards d'années

-2.8 milliards d'années

-600 millions d'années

-550 millions d'années

Il y a 3.8 milliards d'années donc, les premiers êtres vivants apparaissaient sous forme de bactéries. Les premiers végétaux (des algues) sont apparus il y a 2.8 milliards d'années.

Au fur et à mesure de l'évolution, les cellules vivantes sont devenues de plus en plus structurées, et les premiers organismes pluricellulaires sont apparus.

Il y a 600 millions d'années apparaissaient les premiers animaux, constitués de corps mous et ressemblant à des méduses ou des vers.

L'évolution s'accéléra 50 millions d'années plus tard et donna naissance à une multitude d'espèces, comme le trilobite, les premiers vertébrés marins et les premiers poissons, ainsi que les gastéropodes (les escargots par exemple).

Les premiers végétaux terrestres sont apparus il y a 400 millions d'années, ainsi que les amphibiens et les premiers insectes. Le Nautile est apparu à cette époque également .

Les premiers reptiles sont apparus il y a 350 millions d'années.

Il y a 240 millions d'années, les premiers dinosaures apparaissaient, ainsi que les premiers mammifères et les premières tortues.

Les premiers oiseaux sont apparus il y a 160 millions d'années.

Mais il y a 66 millions d'années, les dinosaures ont disparu !

-400 millions d'années   -350 millions d'années   -250 millions d'années   -160 millions d'années   -66 millions d'années

LES FOSSILES

Lorsque les dinosaures ont disparu il y a 66 millions d'années, les humains n'existaient pas !

En effet, les premiers hommes sont apparus il y a 2.8 millions d'années.

Alors comment avons-nous découvert l'existence des dinosaures ? Comment savons-nous à quoi ils ressemblaient, et comment ils vivaient ?

C'est grâce aux fossiles !

Un fossile est une ancienne trace de vie conservée dans un milieu naturel. Pour faire simple, ce sont les restes d'un animal ou d'un végétal ayant disparu depuis une très longue période.

Cela peut être un squelette entier ou seulement un morceau d'os, mais aussi une empreinte de pas, ou encore une tige ou une feuille de plante.

Il est possible de retrouver des fossiles dans la glace (c'est le cas pour certains mammouths par exemple), ou dans l'ambre (une résine végétale elle-même fossilisée dans laquelle il est possible de retrouver des insectes ou des petits végétaux). Mais la plupart des fossiles se forment dans les roches sédimentaires.

La formation d'un fossile est un processus lent et complexe, qui nécessite un environnement spécifique.

La plupart du temps, un fossile se forme lorsqu'un animal meurt dans une zone humide (comme une rivière, une plage, ou encore un marais) et que son corps est recouvert de sédiments (comme la boue ou le sable...).

Ces sédiments peuvent être apportés par l'eau (rivière, océan, mer, pluie, source...) ou, plus rarement, par le vent (sable, terre fine...).

Les tissus mous (peau, muscles...) se décomposent très rapidement, et il ne reste plus que le squelette de l'animal, ou encore sa carapace ou sa coquille.

L'eau et l'humidité sont chargées de minéraux (notamment le calcium) qui vont progressivement pénétrer dans les os de l'animal. La matière organique va peu à peu se transformer en matière minérale. Pour faire simple, l'os se transforme en pierre.

 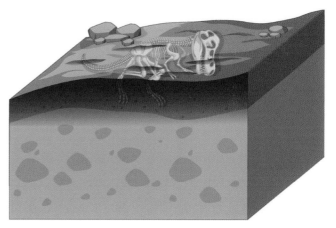

Il arrive aussi que ce soit les sédiments qui se transforment peu à peu en roche. Ainsi, ils conservent, par exemple, l'empreinte qu'un animal a laissé en marchant.

LA PALÉONTOLOGIE

La paléontologie est une discipline scientifique qui étudie les êtres et organismes vivants ayant vécu sur Terre aux temps anciens.

Les paléontologues étudient donc beaucoup les fossiles. Parfois, lorsque le squelette d'un dinosaure n'est pas complet, ils doivent comparer les os retrouvés à ceux d'autres dinosaures, afin de reconstituer l'animal dans son intégralité.

Certains dinosaures ont même été reconstitués à partir d'un seul os !

Pour savoir à quelle période vivait un dinosaure, les paléontologues s'appuient beaucoup sur l'étude des couches de sédiments (ou couches géologiques). Généralement, plus un fossile se trouve dans une couche ancienne, plus il est vieux.

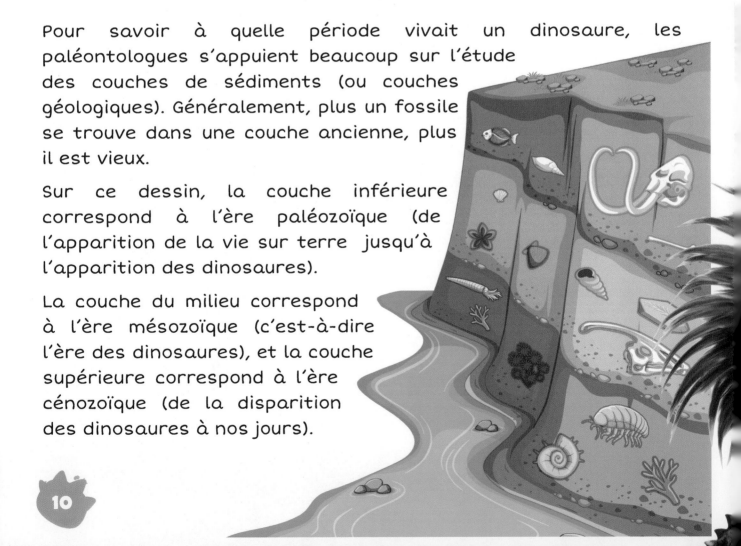

Sur ce dessin, la couche inférieure correspond à l'ère paléozoïque (de l'apparition de la vie sur terre jusqu'à l'apparition des dinosaures).

La couche du milieu correspond à l'ère mésozoïque (c'est-à-dire l'ère des dinosaures), et la couche supérieure correspond à l'ère cénozoïque (de la disparition des dinosaures à nos jours).

La paléontologie est une science moderne.

Pourtant, les tout premiers fossiles ont été découverts il y a très longtemps.

Des écrits datant du 6ème siècle avant J.C décrivent des os fossilisés. Mais à cette époque, les hommes ne savaient pas que ces os étaient des vestiges des dinosaures. En Chine, on pensait même que c'était des os de dragons.

En 1677, Robert Plot, un scientifique anglais, découvrit un morceau de fémur de très grande taille. Il a alors conclu qu'il s'agissait d'un homme géant.

Au 18ème siècle, la paléontologie se développa. Georges Cuvier, un scientifique français, développa les concepts de comparaison anatomique entre les espèces.

En 1824, William Buckland, un scientifique anglais, étudia des ossements et les attribua à un lézard géant, qu'il nomma "mégalosaurus" (c'est-à-dire "grand lézard").

En 1825, Gideon Mantell, un paléontologue anglais, découvrit les dents fossilisées d'une espèce inconnue. Il la nomma "Iguanodon" (dents d'iguane).

En 1842, Richard Owen, un paléontologue britannique, inventa le mot "dinosaure". Ce mot vient du grec "Deinos" (terrible) et "Sauria" (lézard).

C'est au cours du 19ème et du 20ème siècle que vont être découverts de nombreux squelettes de dinosaures, comme le Tricératops, le Tyrannosaure et le Diplodocus.

Mais finalement, c'est quoi un dinosaure ?

C'EST QUOI UN DINOSAURE ?

Pendant longtemps, les scientifiques ont considéré que les dinosaures étaient des reptiles, comme le lézard par exemple. Il est vrai qu'il existe beaucoup de ressemblances entre eux. De nos jours, la plupart des spécialistes estiment que les dinosaures ne sont pas des reptiles.

Les dinosaures et les reptiles font partie d'une grande famille appelée les Sauropsides. Pour faire simple, les dinosaures ne sont pas des reptiles, mais ils sont cousins.

Mais alors, qu'est ce qu'un dinosaure ?

Les scientifiques se sont donc accordés sur certaines caractéristiques communes aux dinosaures :

- Les dinosaures sont des animaux terrestres, ce qui exclut donc les reptiles volants et marins.

- Les pattes sont placées sous le corps et non sur les côtés (comme les crocodiles par exemple). Cette caractéristique explique pourquoi beaucoup de dinosaures sont devenus bipèdes.

- L'os de la hanche est caractéristique et scindé en deux groupes : Les Ornithischiens (hanche d'oiseaux) et les Saurischiens (hanche de lézard).

- Les dinosaures sont ovipares : Ils pondent des œufs.

- Le crâne d'un dinosaure possède 2 fenêtres orbitales (deux cavités en avant des orbites).

- Les dinosaures possèdent une queue, plus ou moins longue.

De nos jours, les scientifiques ont répertorié plus de 1000 espèces de dinosaures.

Certaines espèces sont très semblables, et d'autres très différentes.

Il existait des dinosaures carnivores (qui mangeaient de la viande), herbivores (qui mangeaient des végétaux), piscivores (qui mangeaient des poissons), et omnivores (qui mangeaient de la viande et des végétaux).

Certains dinosaures, souvent des herbivores, avalaient des petites pierres pour aider la digestion. Avec les contractions de l'estomac, ces pierres agissaient comme des meules et broyaient les végétaux. Ces pierres sont appelés des gastrolithes.

Selon les espèces, les dinosaures pouvaient être bipèdes (ils marchaient sur leurs deux pattes arrières) ou quadrupèdes (ils marchaient sur leurs quatre pattes).

Il y a encore quelques décennies, tout le monde pensait que les dinosaures avaient une peau recouverte d'écailles, comme les lézards.

C'est vrai pour certains d'entre eux. Mais les scientifiques ont aussi découvert que certains dinosaures avaient des plumes !

Ils n'en étaient probablement pas totalement recouverts, mais en possédaient par endroit.

Depuis la découverte des premiers fossiles de dinosaures, les scientifiques se posent une question importante :

Les Dinosaures avaient-ils le sang chaud ou le sang froid ?

Les reptiles sont des animaux à sang froid. Concrètement, leur corps ne produit pas de chaleur. C'est pour cela que les lézards, par exemple, aiment se mettre au soleil. Ils réchauffent leur corps. La température interne des reptiles n'est donc pas constante et dépend de la température de leur environnement.

Les mammifères, par exemple, (dont les humains font partie) sont des animaux à sang chaud. En effet, notre corps produit sa propre chaleur, qui est constante.

D'une manière générale, les animaux à sang chaud ont besoin de manger beaucoup plus que les animaux à sang froid. Produire de la chaleur nécessite de l'énergie, et donc de manger en plus grande quantité.

Cette dépense d'énergie se nomme le taux métabolique. Plus il est élevé, plus l'animal a besoin d'énergie. En conclusion, les animaux à sang chaud ont un taux métabolique plus élevé que les animaux à sang froid.

Récemment, des scientifiques ont inventé une nouvelle méthode pour analyser les ossements, et ainsi déduire le taux métabolique des dinosaures. Selon ces scientifiques, beaucoup de dinosaures étaient des animaux à sang chaud.

Les Saurischiens (définition en page suivante) étaient tous des dinosaures à sang chaud.

Pour les Ornithischiens (définition en page suivante), tout dépendait du groupe. Les Ornithopodes étaient également des animaux à sang chaud, alors que les Thyréophores et les Marginocéphales semblent avoir réduit leur taux métabolique au fil du temps pour devenir des animaux à sang froid.

La durée de vie des dinosaures était très variable d'une espèce à l'autre.

Les paléontologues estiment que les plus petits dinosaures avaient une espérance de vie d'environ 5 ou 6 ans.

Les grands carnivores, comme le Tyrannosaure, pouvaient vivre jusqu'à 30 ans.

Les dinosaures les plus imposants, comme le Diplodocus, pouvaient vivre quand à eux jusqu'à 80 ans.

CLASSIFICATION

Les dinosaures sont classés en 2 grandes catégories, en fonction de la forme de leurs os du bassin :

Les Saurischiens et les Ornithischiens.

Les Saurischiens (hanches de lézard) sont divisés en 2 groupes :

- Les Théropodes regroupent tous les dinosaures carnivores bipèdes, comme le Tyrannosaure et le Vélociraptor.

- Les Sauropodomorphes regroupent les dinosaures herbivores, bipèdes ou quadrupèdes, ayant un long cou et une longue queue. Le Diplodocus fait partie de cette catégorie.

Les Ornithischiens (hanches d'oiseaux) sont divisés en 3 groupes :

- Les Ornithopodes regroupent les herbivores bipèdes ou quadrupèdes, dont les pieds avaient la forme de pieds d'oiseaux (d'où leur nom).

- Les Thyréophores regroupent les dinosaures herbivores cuirassés, possédant des plaques osseuses, comme le Stégosaure ou l'Ankylosaure.

- Les Marginocéphales regroupent les dinosaures ayant une crête osseuse sur le crâne. Cette crête, également appelée collerette, pouvait être plate (comme le Tricératops), ou bombée (comme le Pachycéphalosaure).

LA PANGÉE

A l'époque des dinosaures, la Terre n'était pas telle que nous la connaissons aujourd'hui.

Les températures à la surface de la planète étaient plus chaudes qu'aujourd'hui et plus homogènes, avec une température moyenne de 25°C (80°F). Les océans étaient également plus chauds, et la température moyenne à leur surface était située entre 25 et 35° C (80 et 95°F).

La différence fondamentale entre notre planète d'aujourd'hui et celle des dinosaures était la forme des continents.

Au temps des premiers dinosaures, il n'y avait qu'un seul continent : La Pangée.

Ce continent immense commença à se fracturer il y a environ 300 millions d'années, avant l'apparition des dinosaures. Mais la séparation des continents commença il y a 200 millions d'années. Il faudra encore attendre environ 80 millions d'années pour que l'Afrique et l'Amérique du Sud se séparent.

L'ORIGINE DES DINOSAURES

Il y a 250 millions d'années, la Terre a connu un épisode d'extinction de masse.

95% des espèces marines et 75% des espèces terrestres disparaissent.

La cause la plus probable est une éruption volcanique gigantesque, située en actuelle Sibérie. Cet évènement aurait modifié l'atmosphère en libérant une grande quantité de gaz. L'oxygène se serait alors raréfié, provoquant la disparition de nombreuses espèces animales et végétales en quelques milliers d'années.

Cette extinction marque la fin de l'ère paléozoïque et le début de l'ère mésozoïque.

L'ère mésozoïque est découpée en 3 périodes : Le Trias, le Jurassique et le Crétacé.

-250 millions d'années

-200 millions d'années

TRIAS → JURASSIQUE

Les tout premiers dinosaures apparaissent il y a environ 240 millions d'années, durant le Trias.

Leur apparition est le résultat de l'évolution de certaines espèces d'Archosauriens (dont les crocodiles font partie, ainsi que les oiseaux).

À cette période, ce ne sont encore que des dinosaures primitifs, de petite taille. Les premiers mammifères apparaissent à la même période.

À la fin du Trias, une nouvelle extinction a lieu, probablement encore une fois à cause de l'activité volcanique. Toutefois, les dinosaures ne semblent pas touchés par ce phénomène.

Durant le Jurassique, les espèces de dinosaures se diversifient. C'est à cette période qu'apparaissent les dinosaures de grande taille.

L'évolution des dinosaures se poursuit au Crétacé, avec l'apparition du fameux Tyrannosaure, ou encore du Tricératops.

-145 millions d'années

-66 millions d'années

CRÉTACÉ

LES DINOSAURES

Les dinosaures ont régné sur Terre pendant 180 millions d'années.

Il en existait beaucoup d'espèces différentes.
Découvrons ensemble certaines d'entre elles.

L'ACHELOUSAURUS

L'Achelousaurus vivait dans les régions de l'Amérique du Nord.

Il ressemblait beaucoup au célèbre Tricératops, et ces deux dinosaures étaient d'ailleurs de la même famille.

Toutefois, l'Achelousaurus n'avait pas de corne sur le nez, ni sur le front.

L'Achelousaurus possédait une large collerette osseuse sur l'arrière de son crâne, et une sorte de crête osseuse sur le nez. Au dessus de ses yeux se trouvaient également des formes osseuses saillantes.

Enfin, deux grandes cornes étaient situées sur l'arrière de sa collerette. L'utilisation de ces cornes reste une énigme. Leur position ne permettait pas d'attaquer car il aurait fallu que l'Achelousaurus rentre sa tête entre ses pattes avant. Il est probable que ces cornes aient une fonction d'apparat.

ALIMENTATION	Herbivore
CLASSIFICATION	Marginocéphale
PÉRIODE	Crétacé
HAUTEUR	3 Mètres
LONGUEUR	6 Mètres
POIDS	4 Tonnes

Le premier fossile a été découvert en 1987 dans le Montana (USA), mais il n'a été étudié qu'en 1995.

Achelousaurus signifie "lézard d'Acheloos". Acheloos était un Dieu de la mythologie grecque. Selon la légende, il aurait affronté Hercule et aurait perdu une corne durant le combat. Effectivement, les bosses osseuses de l'Achelousaurus font penser à des cornes arrachées.

L'ALLOSAURE

L'Allosaure était un carnivore du Jurassique. Sa taille imposante en faisait un prédateur efficace et redoutable.

Sa tête imposante était surmontée de deux bosses osseuses au dessus de ses yeux. On estime que l'Allosaure pouvait courir à une vitesse de 35 km/h.

L'Allosaure ressemblait beaucoup au très célèbre Tyrannosaure. Pourtant, les deux dinosaures n'étaient pas exactement de la même famille. De plus, l'Allosaure était légèrement plus petit que le T-Rex.

Le premier spécimen fut découvert en 1869 dans le Colorado, en Amérique du Nord. Les premières personnes qui virent ce fossile pensaient qu'il s'agissait d'un sabot de cheval pétrifié. En réalité, il s'agissait d'un morceau de vertèbre de la queue du dinosaure.

C'est le paléontologue américain Othniel Charles Marsh qui le nomma Allosaure en 1877.

En 1991, un squelette complet à 95 % fut découvert dans le Wyoming, toujours en Amérique du Nord. Il s'agissait d'un jeune Allosaure de 8 mètres de long. Les paléontologues ont découvert que certains de ses os étaient brisés et portaient des traces étranges. Il est probable que ce dinosaure, surnommé Big Al par les scientifiques, soit mort d'une infection osseuse.

En 2005, une étude sur des os fossilisés d'un Allosaure a montré une blessure au niveau d'une vertèbre de la queue. Celle-ci aurait été provoquée par un coup de queue d'un Stégosaure. L'Allosaure a survécu à cette blessure puisqu'elle montrait des traces de cicatrisation.

Allosaure signifie "lézard différent".

ALIMENTATION	Carnivore	
CLASSIFICATION	Théropode	
PÉRIODE	Jurassique	
HAUTEUR	5	Mètres
LONGUEUR	12	Mètres
POIDS	2	Tonnes

L'ALTIRHINUS

L'Altirhinus ressemblait beaucoup à un autre dinosaure ornithopode mieux connu, l'Iguanodon.

À la fois bipède et quadrupède, l'Altirhinus était un herbivore imposant. Il vivait dans les régions de l'actuelle Mongolie.

Son pouce était en réalité une corne lui permettant de se défendre contre les prédateurs.
Lorsqu'il marchait à quatre pattes, ce dinosaure s'appuyait sur le bout de ses doigts, et non sur sa paume.

La particularité de l'Altirhinus était sa bosse nasale.

Cette bosse était un prolongement des fosses nasales du dinosaure. L'Altirhinus s'en servait très certainement pour émettre et amplifier des sons, et ainsi communiquer avec ses congénères, pour prévenir d'un danger ou pour faire fuir un prédateur.

Il est également possible que cette fosse nasale ait pu amplifier l'odorat de l'Altirhinus.

Le premier fossile fut découvert en 1981 par Serguei Kurzanov, un paléontologue russe.

Altirhinus signifie "nez en hauteur".

ALIMENTATION	Herbivore
CLASSIFICATION	Ornithopode
PÉRIODE	Crétacé
HAUTEUR	3 Mètres
LONGUEUR	8 Mètres
POIDS	4 Tonnes

L'ANCHISAURUS

L'Anchisaurus était un petit Sauropode d'environ 2 mètres de long. Il était très léger et ne pesait qu'une trentaine de kilogrammes.

Il vivait dans les régions de l'Amérique du Nord, sous un climat chaud et humide qui favorisait une végétation abondante.

Ce dinosaure pouvait marcher en position bipède ou quadrupède.
Les paléontologues pensent toutefois que l'Anchisaurus se déplaçait la plupart du temps sur ses quatre pattes. En effet, les herbivores ont un appareil digestif plus volumineux que les carnivores. L'Anchisaurus devait donc avoir un estomac et des intestins de taille conséquente. Le poids de l'appareil digestif aurait tendance à déséquilibrer le petit dinosaure en position bipède. Voilà pourquoi la position quadrupède semble être la position que l'Anchisaurus utilisait le plus souvent.

ALIMENTATION	Herbivore	
CLASSIFICATION	Sauropodomorphe	
PÉRIODE	Jurassique	
HAUTEUR	2	Mètres
LONGUEUR	2	Mètres
POIDS	30	Kilogrammes

Chacune de ses mains
possédait un pouce lui
permettant
d'agripper et
d'arracher des
plantes. Ce pouce
comportait une
grande griffe, très utile pour se défendre
contre des prédateurs.

Le premier fossile a été découvert en 1818 dans le
Connecticut, aux États-Unis, mais il a été nommé
"Anchisaurus" en 1912.

Anchisaurus signifie "reptile proche".

L'ANKYLOSAURE

L'Ankylosaure était un dinosaure vivant dans les régions chaudes et humides, à proximité des rivières ou des marécages.

L'Ankylosaure était un dinosaure plutôt paisible, mais c'était aussi un véritable char d'assaut. Il était incapable de courir ou de nager, mais sa morphologie faisait de lui une proie difficilement attaquable.

Le premier fossile d'Ankylosaure fut découvert en 1906 en Amérique du Nord.

Ankylosaure signifie "lézard rigide".

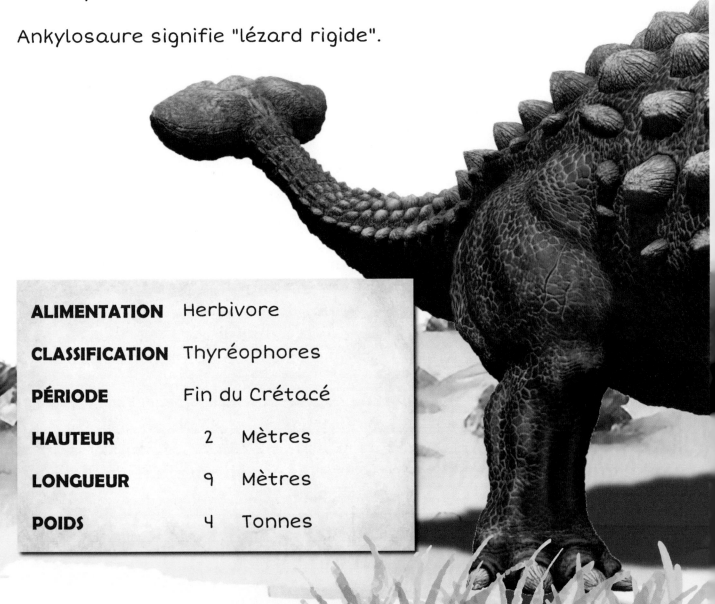

ALIMENTATION	Herbivore	
CLASSIFICATION	Thyréophores	
PÉRIODE	Fin du Crétacé	
HAUTEUR	2	Mètres
LONGUEUR	9	Mètres
POIDS	4	Tonnes

L'Ankylosaure était recouvert d'une peau épaisse. Son dos, sa tête, et sa queue étaient tapissés de plaques osseuses et d'épines. Enfin, l'extrémité de sa queue formait une sorte de massue composée d'os très compacts. À elle seule, cette arme pesait plus de 50 kilogrammes.

Cette armure défensive faisait de l'Ankylosaure le dinosaure possédant le plus d'os au monde (plus de mille!).

Les paléontologues pensent que l'Ankylosaure pouvait s'aplatir au sol pour protéger son ventre, seule partie vulnérable aux prédateurs. En balançant sa queue, il pouvait facilement faire chuter un ennemi, et même lui briser les jambes ou les côtes.

L'APATOSAURE

L'Apatosaure était un gigantesque herbivore au long cou. Il vivait dans les régions actuelles de l'Amérique du Nord.

Sa longue queue lui servait d'arme pour chasser les prédateurs. En la lançant avec force, il pouvait frapper et fouetter ses adversaires. Sa queue était aussi très importante pour son équilibre étant donné la longueur de son cou.

L'Apatosaure était quadrupède mais pouvait probablement se dresser sur ses pattes arrières pour atteindre les branchages les plus hauts. C'était un dinosaure lent, qui marchait en moyenne à 5 km/h. Ses pieds étaient larges et recouverts de coussins sur le dessous, un peu comme ceux des éléphants.

L'Apatosaure est à l'origine d'une confusion d'espèce de dinosaures. En 1877, Othniel Charles Marsh (paléontologue américain), étudiait les ossements d'un nouveau dinosaure et le nomma Apatosaure. Deux ans plus tard, ce même paléontologue, en étudiant d'autres fossiles, pensa avoir découvert un nouveau genre de dinosaure et le nomma Brontosaure.

Des années plus tard, en 1903, le paléontologue Elmer Riggs réétudia les ossements et découvrit que le Brontosaure et l'Apatosaure étaient en fait la même espèce de dinosaure.

C'est donc le nom "Apatosaure" qui fut retenu pour désigner ce dinosaure. Toutefois, même si cette histoire est vieille, le nom de "Brontosaure" est resté dans les mémoires. Les services postaux américains ont d'ailleurs édité un timbre avec le nom Brontosaurus en 1989.

Apatosaure signifie "lézard trompeur". Ce nom n'est pas hérité de la confusion avec le Brontosaure, mais de la forme de ses vertèbres faisant penser à celles qu'un reptile marin.

ALIMENTATION	Herbivore
CLASSIFICATION	Sauropodomorphe
PÉRIODE	Jurassique
HAUTEUR	10 Mètres
LONGUEUR	26 Mètres
POIDS	35 Tonnes

L'ARCHAEOPTERYX

L'Archaeopteryx était un étrange dinosaure. Tellement étrange que les scientifiques se sont beaucoup interrogés sur sa classification. Aujourd'hui encore, certains le classent dans la catégorie des dinosaures, et d'autres dans la catégorie des oiseaux... Car l'Archaeopteryx était couvert de plumes.

Ce qui est certain, c'est que l'Archaeopteryx était un petit animal, léger, au plumage foncé.

Il faut savoir que les oiseaux ont un cerveau qui ressemble beaucoup à celui des dinosaures... Mais le cerveau des oiseaux est plus volumineux. L'Archaeopteryx avait un cerveau plutôt petit. Donc la question primordiale est : Pouvait-il voler, ou seulement planer sur une courte distance ? Personne ne le sait vraiment.

Contrairement aux oiseaux, l'Archaeopteryx possédait trois longues griffes sur chaque aile, une dentition reptilienne, et une queue vertébrée.

L'Archaeopteryx se nourrissait probablement d'insectes, de petits animaux terrestres (reptiles, petits mammifères) et d'invertébrés (vers, mollusques)

Le premier fossile fut découvert en 1861 en Allemagne.

Archaeopteryx signifie "aile antique".

ALIMENTATION	Carnivore	
CLASSIFICATION	Théropode	
PÉRIODE	Jurassique	
HAUTEUR	50	Centimètres
LONGUEUR	60	Centimètres
POIDS	1	Kilogramme

LE BARYONYX

Le Baryonyx était un dinosaure carnivore du Crétacé, vivant principalement dans les régions de l'actuelle Europe de l'Ouest (Angleterre, Espagne).

Le Baryonyx était bipède et possédait un crâne très particulier. Sa tête était longue, fine, et aplatie. Ses narines ne se trouvaient pas à l'extrémité de son museau mais reculées en arrière.

Ses dents étaient plus larges que celles de la plupart des dinosaures carnivores, agissant comme des poignards pour retenir ses proies.

Le Baryonyx avait également des griffes acérées, dont la plus longue mesurait environ 30 centimètres. Elle était toutefois recouverte en partie de peau.

Le premier fossile, découvert en 1983 en Angleterre, a fasciné le monde scientifique. Des écailles de poissons fossilisées ont été découvertes à l'emplacement de son estomac, ainsi que quelques os d'un très jeune Iguanodon (un dinosaure herbivore).

Ainsi, les paléontologues ont pu savoir avec exactitude ce que mangeait le Baryonyx.

La forme de son nez, de ses dents et de ses griffes atteste également que ce dinosaure se nourrissait beaucoup de poissons.

Baryonyx signifie "griffe lourde".

ALIMENTATION	Carnivore
CLASSIFICATION	Théropode
PÉRIODE	Crétacé
HAUTEUR	4 Mètres
LONGUEUR	12 Mètres
POIDS	2 Tonnes

LE BRACHIOSAURE

Le Brachiosaure était un dinosaure gigantesque. Son poids était d'environ 40 tonnes, et il pouvait atteindre 15 mètres de hauteur (tête et cou dressés).

Son cou était constitué de 12 vertèbres de 70 centimètres chacune.

Les paléontologues pensent que les Sauropodes, dont le Brachiosaure faisait partie, n'avaient pas d'estomac. À la place, ils avaient un gésier, comme les oiseaux. D'ailleurs, leurs dents ne permettaient pas de mâcher. Ils s'en servaient surtout pour arracher les feuilles des branches.

Pendant longtemps, les scientifiques ont pensé que le Brachiosaure vivait la plupart du temps sous l'eau. En effet, ses narines sont situées au sommet de son crâne. Mais nous savons aujourd'hui que vivre dans l'eau était impossible pour ce dinosaure. Compte tenu de sa taille, la pression de l'eau aurait bloqué sa respiration. En réalité, le Brachiosaure vivait surtout dans les plaines et les forêts de conifères.

Le premier fossile de Brachiosaure a été découvert en 1900 dans le Colorado, en Amérique du Nord, par Elmer S.Riggs.

Brachiosaure signifie "lézard avec des bras".

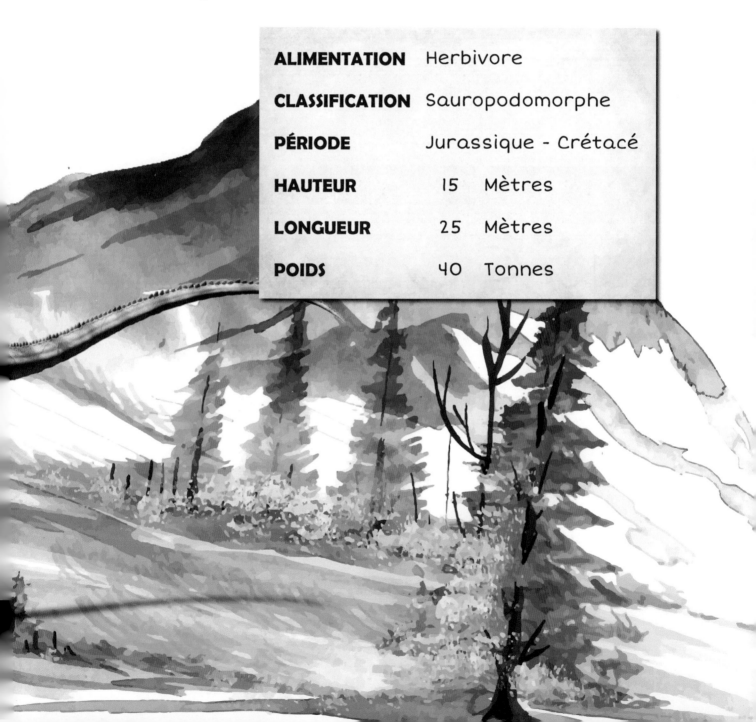

ALIMENTATION	Herbivore
CLASSIFICATION	Sauropodomorphe
PÉRIODE	Jurassique - Crétacé
HAUTEUR	15 Mètres
LONGUEUR	25 Mètres
POIDS	40 Tonnes

LE CAMPTOSAURE

Le Camptosaure était de la même famille que l'Iguanodon. Il ne faut pas le confondre avec le Camposaure, qui était un petit dinosaure carnivore.

Le camptosaure était donc un herbivore massif.

La taille de son estomac était relativement grosse par rapport à son gabarit. Ceci s'explique par le fait que le Camptosaure mangeait des feuilles et des branchages coriaces, difficiles à digérer.

Ce dinosaure était bipède. Ses membres antérieurs (c'est-à-dire ses bras) ne lui permettaient pas de se déplacer mais pouvaient néanmoins supporter son poids pour qu'il puisse manger les plantes au ras du sol.

L'analyse de ses os montrent que ses tendons étaient d'une grande résistance. Chez la plupart des animaux, y compris les dinosaures, les tendons, qui permettent aux muscles de s'accrocher aux os, sont résistants mais souples.
Les tendons du Camptosaure, au fur et à mesure que le dinosaure vieillissait, avaient tendance à se calcifier, c'est-à-dire à se transformer en os.

Le premier fossile de Camptosaure fut découvert en 1874 en Angleterre.

Camptosaure signifie "reptile flexible".

ALIMENTATION	Herbivore
CLASSIFICATION	Ornithopode
PÉRIODE	Jurassique - Crétacé
HAUTEUR	5 Mètres
LONGUEUR	6 Mètres
POIDS	4 Tonnes

LE CARNOTAURE

Le Carnotaure était un carnivore de taille moyenne, plus petit que le Tyrannosaure.

Ses bras étaient vraiment très atrophiés, et de taille étonnamment petite compte tenu du gabarit du dinosaure.

Ses dents étaient également plus fines que celles des autres prédateurs de son rang. Il lui était donc impossible de mordre dans des os trop gros sans se briser des dents. Toutefois, des analyses de ses mâchoires ont permis de découvrir qu'il était capable de mordre avec un mouvement très rapide. Les paléontologues pensent également que le Carnotaure pouvait courir très vite, avec une vitesse de pointe supérieure à 50 km/h.

Il est donc probable que le Carnotaure s'attaquait à des proies relativement petites (avec une ossature fine) et rapides.

Deux excroissances osseuses sortaient de son crâne au dessus des yeux. Ces cornes étaient toutefois bien trop petites pour servir de moyen de défense ou pour attaquer une proie.

Le Carnotaure a été découvert en 1985 en Argentine, par José Bonaparte, un paléontologue argentin.

Cette découverte a été très intéressante pour la communauté scientifique : Premièrement, le squelette retrouvé était presque complet, ce qui est assez rare. Deuxièmement, la peau du dinosaure a laissé des traces dans la roche, comme une impression ou un moulage. Ainsi, les scientifiques ont pu constater que la Carnotaure avait une peau couverte d'écailles, comme un reptile actuel.

Carnotaure signifie "taureau carnivore".

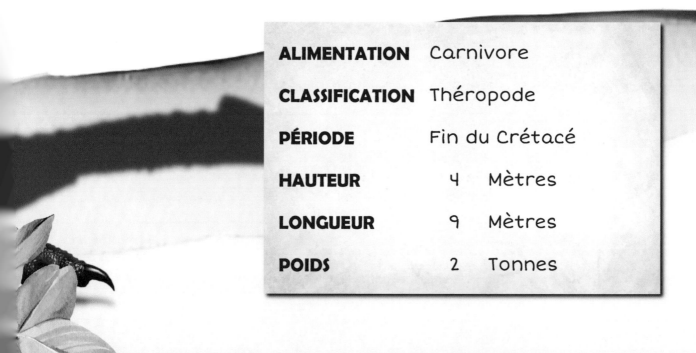

ALIMENTATION	Carnivore	
CLASSIFICATION	Théropode	
PÉRIODE	Fin du Crétacé	
HAUTEUR	4	Mètres
LONGUEUR	9	Mètres
POIDS	2	Tonnes

LE CÉRATOSAURE

Le Cératosaure était un carnivore bipède vivant dans les régions nord-américaines.

La taille du Cératosaure était plutôt modeste pour un carnivore du Jurassique. Il ne pouvait pas s'attaquer à de grosses proies comme pouvaient le faire l'Allosaure et le Tyrannosaure.

Il s'attaquait principalement à des Ornithopodes ou des petits Sauropodes.

La particularité de ce dinosaure était d'avoir une petite corne arrondie sur le nez, située juste derrière les narines. Il avait également deux petites crêtes osseuses au dessus des yeux. L'étude de ses ossements démontre qu'il avait un cou plus robuste que les autres carnivores de la même époque.

Ces éléments laissent penser que le Cératosaure pouvait se jeter sur ses proies à toute vitesse et les étourdir en leur donnant un coup de tête.

Autre différence intéressante, le Cératosaure avait quatre doigts à chaque main, alors que les autres Théropodes en avaient généralement trois.

Le premier fossile du Cératosaure a été découvert en 1883.

Cératosaure signifie "lézard à corne".

ALIMENTATION	Carnivore	
CLASSIFICATION	Théropode	
PÉRIODE	Jurassique	
HAUTEUR	3	Mètres
LONGUEUR	6	Mètres
POIDS	1	Tonne

LE CŒLOPHYSIS

Le Cœlophysis était un petit dinosaure primitif du Trias.

Le Cœlophysis était léger et très rapide. Il pouvait atteindre une vitesse de 45 km/h. Sa légèreté était due à son squelette, dont les os étaient creux.

Les premiers fossiles ont été découverts au Nouveau Mexique en 1881 par David Baldwin, un paléontologue américain.
En 1947, des fouilles ont été faites au même endroit et ont donné lieu à une découverte étonnante : Les restes d'une vingtaine de squelettes différents, probablement tous morts de noyade lors d'une inondation soudaine.

Cette découverte a permis d'établir avec certitude que les Cœlophysis vivaient en groupe.

Compte tenu de sa taille, le Cœlophysis, même s'il chassait en meute, ne pouvait pas s'attaquer à de grosses proies. Son régime alimentaire était composé de petits reptiles ou mammifères, d'insectes, et de petits animaux aquatiques (grenouilles, poissons...)...

Mais le Cœlophysis était aussi cannibale !

Des squelettes fossilisés de très jeunes Cœlophysis ont été découverts à l'intérieur de squelettes de Cœlophysis adultes. Les paléontologues ont tout d'abord pensé que ce dinosaure était ovovivipare. Les ovovivipares sont les animaux dont les œufs éclosent dans leurs ventres, comme certaines vipères.
Mais compte tenu de la taille des jeunes squelettes, bien trop gros pour être contenus dans un œuf, les scientifiques ont conclu que les Cœlophysis mangeaient parfois leur progéniture.

Cœlophysis signifie "forme creuse", en référence à la structure de ses os.

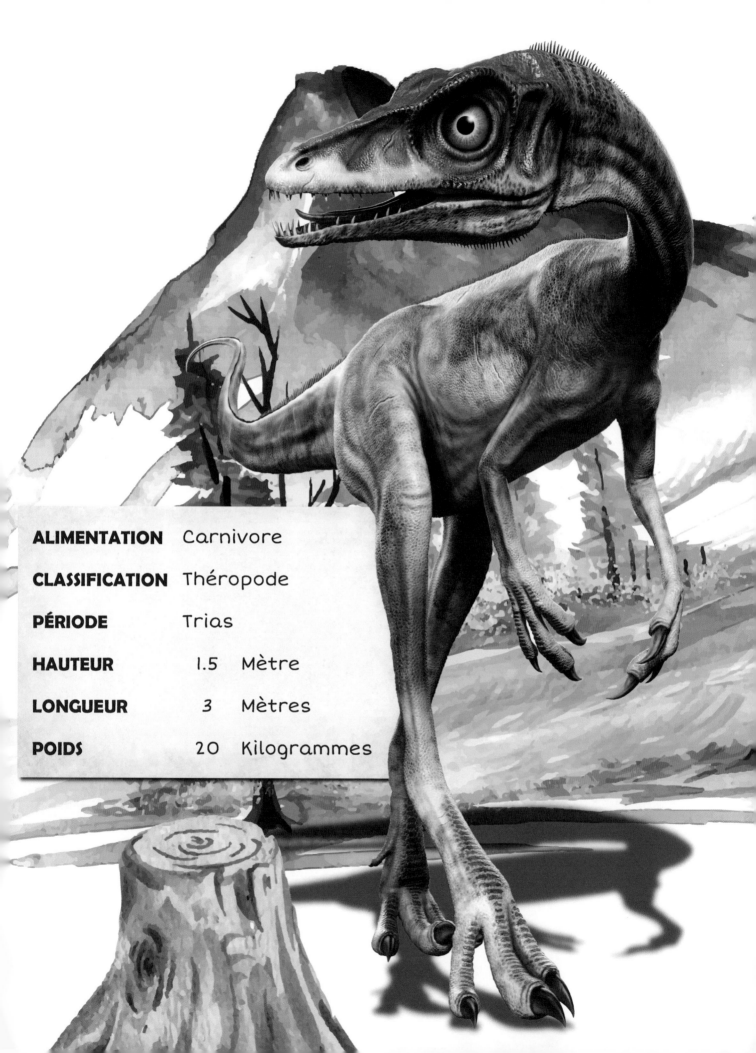

ALIMENTATION	Carnivore	
CLASSIFICATION	Théropode	
PÉRIODE	Trias	
HAUTEUR	1.5	Mètre
LONGUEUR	3	Mètres
POIDS	20	Kilogrammes

LE COMPSOGNATHUS

Le Compsognathus était un tout petit dinosaure carnivore du Jurassique.

Il vivait sous un climat tropical, près des régions côtières.

Sa petite taille et sa légèreté lui permettaient d'atteindre des vitesses élevées, d'environ 65 km/h. Pour un animal bipède, cette vitesse est exceptionnelle. De nos jours, l'autruche est le seul animal bipède capable d'atteindre cette vitesse.

Le Compsognathus se nourrissait de petits reptiles, de petits mammifères, d'insectes, et d'œufs. D'ailleurs, le squelette d'un lézard a été découvert à l'intérieur d'un fossile de Compsognathus.

Sa mâchoire était fine, et ses dents étaient pointues et tranchantes. Ses yeux, relativement développés par rapport à la taille de son crâne, lui permettaient d'avoir une très bonne vision.

Seuls deux fossiles de Compsognathus ont été découverts à ce jour : Le premier en Allemagne en 1850 et l'autre en France en 1972.

Compsognathus signifie "mâchoire délicate".

ALIMENTATION	Carnivore	
CLASSIFICATION	Théropode	
PÉRIODE	Jurassique	
HAUTEUR	60	Centimètres
LONGUEUR	140	Centimètres
POIDS	3	Kilogrammes

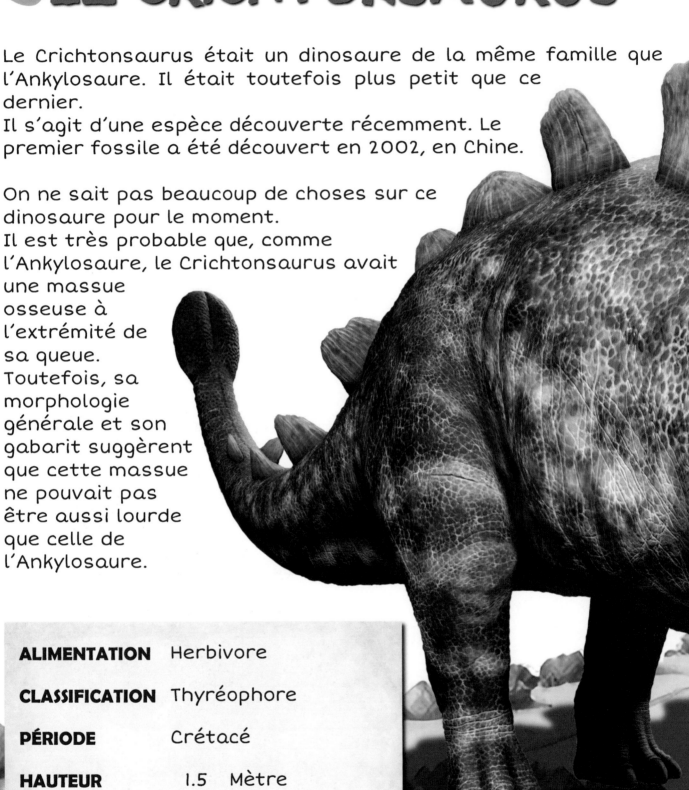

LE CRICHTONSAURUS

Le Crichtonsaurus était un dinosaure de la même famille que l'Ankylosaure. Il était toutefois plus petit que ce dernier.
Il s'agit d'une espèce découverte récemment. Le premier fossile a été découvert en 2002, en Chine.

On ne sait pas beaucoup de choses sur ce dinosaure pour le moment.
Il est très probable que, comme l'Ankylosaure, le Crichtonsaurus avait une massue osseuse à l'extrémité de sa queue.
Toutefois, sa morphologie générale et son gabarit suggèrent que cette massue ne pouvait pas être aussi lourde que celle de l'Ankylosaure.

ALIMENTATION	Herbivore	
CLASSIFICATION	Thyréophore	
PÉRIODE	Crétacé	
HAUTEUR	1.5	Mètre
LONGUEUR	3.5	Mètres
POIDS	1.5	Tonne

Le Crichtonsaurus était un dinosaure robuste, dont le dos était couvert de structures osseuses, semblables à des plaques posées verticalement. Son crâne était également cuirassé, et il possédait deux paires de petites cornes à l'arrière de sa tête, au niveau des joues et des orbites.

Le bec du Crichtonsaurus était puissant et lui permettait de se nourrir de végétaux coriaces, comme des racines, ou des branchages.

Crichtonsaurus signifie "lézard de Crichton". Les paléontologues ont en effet nommé ce dinosaure en l'honneur de Michael Crichton, l'auteur des livres "Jurassic Park".

LE DEINONYCHUS

Le Deinonychus était un prédateur de taille modeste mais il était redoutable.

Sa morphologie lui permettait d'atteindre des vitesses de plus de 35 km/h, et d'avoir suffisamment d'agilité pour bondir sur ses proies. Ses bras étaient relativement longs pour un dinosaure de son espèce. La forme de son humérus laisse penser que le Deinonychus avait une grande force au niveau des membres supérieurs.

Il possédait également une longue griffe en forme de croissant sur le deuxième orteil de chaque pied. Cette arme lui permettait de lacérer ses proies. D'ailleurs, l'analyse de ses mâchoires et de sa dentition montre que le Deinonychus ne pouvait pas tuer en mordant. C'est donc cette griffe qui lui permettait d'attaquer et de tuer.

Les analyses de son crâne démontrent que ce dinosaure avait un cerveau assez volumineux et développé.

Les paléontologues estiment que l'intelligence du Deinonychus lui a permis d'adopter des comportements sociaux organisés, comme par exemple élaborer des stratégies de chasse en meute. Une telle aptitude permettait à ces dinosaures de s'attaquer à des proies beaucoup plus grosses qu'eux.

Les premiers fossiles de Deinonychus ont été découverts en 1931 dans le Montana, en Amérique du Nord. Toutefois, ces reliques ont été mises de côté et le Deinonychus n'a été véritablement étudié qu'en 1964.

Deinonychus signifie "terrible griffe".

ALIMENTATION	Carnivore
CLASSIFICATION	Théropode
PÉRIODE	Crétacé
HAUTEUR	2 Mètres
LONGUEUR	4 Mètres
POIDS	70 Kilogrammes

LE DIABLOCERATOPS

Le Diablocératops était un dinosaure herbivore du Crétacé, vivant dans les régions d'Amérique du Nord.

À cette époque, ces régions étaient de grandes plaines comportant des lacs et des rivières. Le Diablocératops se nourrissait de végétaux terrestres et aquatiques, et vivait en troupeau.

Comme beaucoup de dinosaures de la famille des Marginocéphales, le Diablocératops possédait à l'arrière de son crâne une grande collerette osseuse qui protégeait sa nuque.

Il possédait une petite corne à peine visible sur le nez et deux cornes plus grandes au dessus des yeux. Sa collerette comportait elle aussi deux cornes, beaucoup plus longues que les autres.

ALIMENTATION	Herbivore
CLASSIFICATION	Marginocéphale
PÉRIODE	Crétacé
HAUTEUR	2 Mètres
LONGUEUR	6 Mètres
POIDS	2 Tonnes

Sa ressemblance avec le Tricératops est assez remarquable. Toutefois, le Diablocératops était beaucoup plus petit.

Les premiers fossiles de Diablocératops ont été découverts en 1998, mais ils n'ont été étudiés qu'en 2010.

Diablocératops signifie "diable à tête cornue".

LE DILOPHOSAURE

Le Dilophosaure vivait dans les régions de l'Amérique du Nord et de l'Asie.

Ce carnivore, de taille moyenne, avait une morphologie lui permettant d'être agile et rapide. Il se servait très probablement de ses pattes arrières pour frapper sa proie, de ses mains pour la maintenir, et de ses dents pour la tuer.

Le Dilophosaure avait surtout une particularité étonnante : Il possédait une double crête sur le haut de son crâne. Ses appendices osseux, disposés en forme de V, ne pouvaient pas servir à porter des coups compte tenu de leur fragilité.

Les paléontologues estiment donc qu'il s'agissait d'un signe de reconnaissance, et peut-être d'un signal sexuel lors des périodes de reproduction.

Le Dilophosaure est souvent représenté avec des membranes déployées de chaque côté de sa tête. En réalité, il est très peu probable que cette représentation soit réaliste.

Cette interprétation provient du film "Jurassic Park" (Steven Spielberg - 1993). Au début du film, le Dilophosaure apparait et poursuit l'un des employés du parc. Il lui crache du venin au visage et déploie ses membranes. Tout cela est une invention pour les besoins du film, et aucune preuve ne permet de croire que ce dinosaure avait ces capacités.

Le premier Dilophosaure a été découvert en 1942 aux États-Unis.

Dilophosaure signifie "lézard à deux crêtes".

ALIMENTATION	Carnivore
CLASSIFICATION	Théropode
PÉRIODE	Jurassique
HAUTEUR	2.5 Mètres
LONGUEUR	6 Mètres
POIDS	450 Kilogrammes

LE DIPLODOCUS

Comme tous les Sauropodes, le Diplodocus avait un très long cou et une très longue queue.

C'était un véritable géant !
Le sommet de son dos pouvait atteindre six mètres de hauteur. Mais si il dressait son cou, alors le Diplodocus pouvait atteindre facilement douze mètres de haut.
Toutefois, cette position devait être fatigante pour lui, et la plupart du temps, il se déplaçait avec le cou en position horizontale.

Le Diplodocus était un gros herbivore inoffensif, mais il disposait pourtant d'une arme très efficace. Sa queue, longue et fine, était parcourue de muscles puissants. En la balançant à vive allure, le diplodocus pouvait alors fouetter son adversaire.

Nous avons longtemps pensé, à tort, que la queue du Diplodocus était si lourde qu'elle trainait par terre lorsqu'il se déplaçait, mais c'est faux. De puissants ligaments permettaient au dinosaure de garder la queue relevée, évitant ainsi de trainer son poids.

Le premier fossile de Diplodocus a été découvert en 1877 en Amérique du Nord. Il a été considéré comme le dinosaure le plus long au monde, jusqu'à la découverte de l'Argentinosaure (un Sauropode découvert en Argentine en 1987 et mesurant 35 mètres de long), puis du Patagotitan (un autre Sauropode découvert en 2014 en Patagonie et mesurant presque 40 mètres de long).

Diplodocus signifie "double poutre".

ALIMENTATION	Herbivore
CLASSIFICATION	Sauropodomorphe
PÉRIODE	Jurassique
HAUTEUR	12 Mètres
LONGUEUR	30 Mètres
POIDS	20 Tonnes

L'EDMONTOSAURE

L'Edmontosaure était un herbivore de la fin du Crétacé. Majoritairement quadrupède, il pouvait toutefois se dresser sur ses pattes arrières pour se nourrir.

Les scientifiques pensent qu'il était également capable de courir uniquement sur ses deux pattes arrières, et à une vitesse élevée malgré son gabarit. De récentes études biomécaniques estiment cette vitesse à 50 km/h, soit deux fois plus rapide qu'un Tyrannosaure.

L'Edmontosaure mangeait très certainement des végétaux durs et robustes. Il avait un bec pour couper les végétaux, et des dents pour les broyer. La mastication usait ses dents de manière prématurée, mais ce dinosaure était tout à fait adapté à cela. Les dents de l'Edmontosaure tombaient au fur et à mesure qu'elles s'usaient, pour être remplacées par de nouvelles dents.

La peau épaisse de l'Edmontosaure était recouverte de petites écailles, comme le prouvent certains fossiles retrouvés avec des impressions d'origine cutanée (des traces de peau laissées dans la roche).

Le premier fossile a été officiellement découvert en 1917 par Lawrence Morris Lambe, un paléontologue canadien, dans la région d'Horseshoe Canyon, près de la ville d'Edmonton (Canada). Avant cette date, certains fossiles pouvant appartenir à l'Edmontosaure ont été découverts, mais certains ont été perdus, et d'autres n'ont pas permis de classification certaine en raison de leur mauvais état.

Edmontosaure signifie "reptile d'Edmonton".

ALIMENTATION	Herbivore
CLASSIFICATION	Ornithopode
PÉRIODE	Fin du Crétacé
HAUTEUR	4 Mètres
LONGUEUR	13 Mètres
POIDS	3.5 Tonnes

LE GARGOYLEOSAURE

Comme tous les dinosaures de la famille des Thyréophores, le Gargoyleosaure était un dinosaure cuirassé. Il vivait dans les régions de l'actuelle Amérique du Nord.

Le Gargoyleosaure était de la même famille que l'Ankylosaure. Comme lui, il était recouvert de plaques osseuses et de piques.

Il était toutefois plus petit et ne possédait pas de massue au bout de la queue. Le dinosaure ne pouvait donc pas réellement se défendre. Sa cuirasse était également moins efficace, notamment au niveau des flancs (les côtes et le ventre).
Il faut noter que le Gargoyleosaure vivait au Jurassique, alors que l'Ankylosaure vivait au Crétacé, et ces deux périodes sont séparées par plusieurs millions d'années. L'Ankylosaure, en toute logique, était donc plus évolué et ses défenses étaient plus performantes.

Le premier fossile de Gargoyleosaure a été découvert en 1996 dans le Wyoming (USA).

Gargoyleosaure signifie "lézard gargouille", en raison de son crâne ressemblant aux statues de gargouilles ornant de nombreuses cathédrales.

ALIMENTATION	Herbivore	
CLASSIFICATION	Thyréophore	
PÉRIODE	Jurassique	
HAUTEUR	1	Mètre
LONGUEUR	3	Mètres
POIDS	1	Tonne

LE GIGANOTOSAURE

Le Giganotosaure était le deuxième plus grand dinosaure carnivore ayant existé, juste derrière le Spinosaure, et devant le Tyrannosaure.

Le Giganotosaure vivait dans les régions de l'actuelle Amérique du Sud (Argentine, Patagonie).

Les pattes arrières de ce dinosaure étaient puissantes. Il pouvait atteindre la vitesse de 50 km/h lorsqu'il chassait.

Le premier fossile a été découvert en 1993 par Ruben Carolini, un collectionneur de fossiles.

Des fossiles d'Iguanodons et de grands Sauropodes ont été découverts sur les mêmes sites de fouilles. Il serait donc logique de penser que le Giganotosaure s'attaquait à des proies de grandes tailles.

Certains paléontologues supposent que les Giganotosaures chassaient parfois à plusieurs, afin justement de pouvoir tuer une proie beaucoup plus grosse qu'eux. Toutefois, aucun élément scientifique ne vient confirmer cette hypothèse.

Giganotosaure signifie "lézard géant du Sud".

ALIMENTATION	Carnivore	
CLASSIFICATION	Théropode	
PÉRIODE	Crétacé	
HAUTEUR	6.5	Mètres
LONGUEUR	14	Mètres
POIDS	9	Tonnes

L'IGUANODON

L'Iguanodon fut l'un des premiers dinosaures découverts.

Il vivait à la période du Crétacé, dans les zones chaudes et humides, et était à la fois bipède et quadrupède, en fonction de son environnement.

En 1878, une trentaine de squelettes d'Iguanodons ont été découverts en Belgique, dans une mine de charbon. Il est donc certain que ces dinosaures vivaient en groupe.

L'Iguanodon avait des mains très spécifiques :
Son pouce était une sorte de pique osseux. Il s'en servait très certainement pour se défendre, en frappant ses adversaires de bas en haut, au ventre ou à la gorge.
Les trois doigts du milieu étaient très larges. Les paléontologues pensent que lorsque l'Iguanodon se déplaçait sur ses quatre pattes, il posait uniquement le bout de ces trois doigts au sol, et non la paume entière de la main.
Enfin, son petit doigt était articulé de telle sorte qu'il pouvait se replier vers la paume, comme un pouce.
Ainsi, l'Iguanodon pouvait attraper les plantes et les arracher avec ses mains.

Beaucoup de fossiles d'Iguanodons ont été découverts dans le monde. La plupart proviennent d'Europe (Angleterre, France, Belgique, Espagne), mais certains ont été découverts aux États-Unis, en Thaïlande, en Mongolie, ou encore au Maroc.

Iguanodon signifie "dent d'iguane".

ALIMENTATION	Herbivore	
CLASSIFICATION	Ornithopode	
PÉRIODE	Crétacé	
HAUTEUR	5	Mètres
LONGUEUR	11	Mètres
POIDS	5	Tonnes

LE KENTROSAURE

Le Kentrosaure ressemblait beaucoup au célèbre Stégosaure. Les deux dinosaures étaient d'ailleurs de la même famille.

Le Kentrosaure était essentiellement quadrupède. Il pouvait néanmoins se tenir sur ses pattes arrières pour cueillir des feuillages en hauteur.

Comme le Stégosaure, le dos du Kentrosaure était couvert de plaques osseuses. Ces plaques servaient bien évidemment à protéger le dinosaure, mais elles servaient aussi très certainement à réguler sa température.

En plus des plaques, ce dinosaure avait aussi de grandes épines, du milieu du dos jusqu'à l'extrémité de sa queue. Il possédait également deux autres épines osseuses au niveau des épaules.

Les épines osseuses du dos, d'une taille de 70 centimètres pour les plus grandes, avaient un rôle purement défensif, mais le Kentrosaure pouvait également infliger de graves blessures avec celles de sa queue.

Les paléontologues estiment que ce dinosaure pouvait frapper (en balançant sa queue) à une vitesse d'environ 50 km/h.

Le Kentrosaure vivait dans la région de l'actuelle Afrique, et a été découvert en 1915.

Kentrosaure signifie "lézard à pointe".

ALIMENTATION	Herbivore
CLASSIFICATION	Thyréophore
PÉRIODE	Jurassique
HAUTEUR	2 Mètres
LONGUEUR	5 Mètres
POIDS	1.5 Tonne

LE LAMBÉOSAURE

Le Lambéosaure était un dinosaure herbivore vivant dans les régions de l'actuelle Amérique du Nord (Canada, USA, Mexique).

Ce dinosaure était à la fois bipède et quadrupède. Ces mains étaient formées de trois doigts soudés entre eux et d'un quatrième, mobile, qui permettait de fermer la main et d'attraper des feuillages.

Le Lambéosaure possédait une crête osseuse particulière au sommet du crâne. Cette crête était composée de deux formes : Une crête en forme de hache, située sur le crâne, et une tige osseuse, située à l'arrière.

Cette crête était en partie creuse, et les fosses nasales du dinosaure communiquaient avec sa gorge en passant par cette crête.

Les paléontologues pensent que le Lambéosaure pouvait émettre des sons et les amplifier grâce à cet appendice osseux, probablement pour communiquer avec ses congénères ou attirer un partenaire sexuel lors des périodes d'accouplement.

Le premier fossile de Lambéosaure fut découvert en 1913 par Charles H. Sternberg, un collectionneur de fossiles. C'est William Parks, un paléontologue canadien, qui le nomma Lambéosaure, en hommage à Lawrence Lambe, un autre paléontologue canadien qui fut le premier à étudier ce fossile.

ALIMENTATION	Herbivore	
CLASSIFICATION	Ornithopode	
PÉRIODE	Crétacé	
HAUTEUR	3	Mètres
LONGUEUR	9	Mètres
POIDS	4	Tonnes

LE PACHYCÉPHALOSAURE

Le Pachycéphalosaure vivait dans les régions de l'actuelle Amérique du Nord, à la période du Crétacé.

Ce qui fait la particularité de ce dinosaure herbivore, c'est son crâne.

La boite crânienne du Pachycéphalosaure possédait une calotte osseuse à son sommet, qui était entourée d'excroissances ressemblant à de petites cornes.

Les paléontologues se sont longtemps demandé à quoi servait ce casque osseux.

Bien évidemment, le Pachycéphalosaure aurait pu se servir de son crâne pour se défendre et repousser les prédateurs. Toutefois, le reste de son corps n'est pas protégé (comme celui de l'Ankylosaure par exemple). Face à un prédateur de grande taille, les coups de tête auraient été inefficaces.

ALIMENTATION	Herbivore
CLASSIFICATION	Marginocéphale
PÉRIODE	Crétacé
HAUTEUR	2 Mètres
LONGUEUR	5 Mètres
POIDS	500 Kilogrammes

L'hypothèse la plus probable est que le Pachycéphalosaure se servait de son crâne pour se battre avec ses congénères, notamment pendant les périodes de reproduction, à la manière des béliers par exemple.

Toutefois, l'analyse de la structure des os du crâne et des vertèbres cervicales montrent que le dinosaure n'aurait pas pu encaisser des coups violents. Les paléontologues pensent donc que ces dinosaures se donnaient des coups de têtes au niveaux des flancs (côtes, ventre).

Pachycéphalosaure signifie "lézard à tête épaisse".

LE PARASAUROLOPHUS

Le Parasaurolophus était un dinosaure herbivore du Crétacé.

Il était à la fois bipède et quadrupède et avait une bouche en forme de bec de canard.

La forme de sa tête était très particulière. Ce dinosaure possédait une crête osseuse sur le sommet du crâne, et qui se prolongeait en arrière.
Cette crête pouvait atteindre une longueur totale de presque deux mètres et était en contact direct avec la cavité nasale du dinosaure. Les scientifiques ont longtemps pensé qu'elle pouvait servir pour se défendre (un peu comme une corne), ou bien servir de tuba pour respirer sous l'eau.

En réalité, cette crête était en quelque sorte un instrument de musique. Agissant comme une caisse de résonance, elle permettait d'amplifier les sons produits par le dinosaure. Ainsi, le Parasaurolophus pouvait se faire entendre de très loin, pour communiquer avec ses congénères, pour effrayer ses ennemis, ou pour les parades nuptiales.

En 2010, un bébé Parasaurolophus fut découvert dans l'Utah (USA). Ce bébé mesurait moins de deux mètres et n'avait qu'une toute petite crête. Les scientifiques ont donc déduit que la crête de ce dinosaure avait une croissance tout au long de sa vie.

Le premier fossile de Parasaurolophus a été découvert au Canada, en Amérique du Nord, en 1920.

Parasaurolophus signifie "proche du lézard à crête". En effet le Parasaurolophus est très proche du Saurolophus, découvert un peu plus tôt en 1912.

ALIMENTATION	Herbivore	
CLASSIFICATION	Ornithopode	
PÉRIODE	Crétacé	
HAUTEUR	6	Mètres
LONGUEUR	10	Mètres
POIDS	5	Tonnes

LE PELECANIMIMUS

Le Pelecanimimus ressemblait à une autruche !

Ce dinosaure avait une tête allongée et étroite, et avait une petite crête osseuse sur l'arrière de son crâne.

Le Pelecanimimus était le Théropode ayant le plus de dents. Il en possédait 220. Ces dents étaient très petites, et leur forme laisse penser que ce petit dinosaure était omnivore (il mangeait à la fois de la viande et des végétaux).

Le Pelecanimimus possédait également une membrane extensible sous la gorge, comme les pélicans. Toutefois, celle du dinosaure était beaucoup plus petite.

Les Paléontologues pensent que le Pelecanimimus se nourrissait dans les zones d'eau peu profondes, aux abords des rivières et des lacs. En marchant dans l'eau, comme le ferait un héron, le Pelecanimimus capturait des petits poissons ou des petits amphibiens (comme la grenouille ou la salamandre) et les stockait dans la poche qu'il avait au niveau du cou.

Il est également possible que cette poche ait eu un rôle durant la période d'accouplement, comme pour certains oiseaux qui gonflent leur gorge pour attirer un partenaire.

Le seul et unique fossile de Pelecanimimus existant à ce jour fut découvert en Espagne.

Pelecanimimus signifie "imitant un pélican".

ALIMENTATION	Omnivore	
CLASSIFICATION	Théropode	
PÉRIODE	Crétacé	
HAUTEUR	1.5	Mètre
LONGUEUR	2	Mètres
POIDS	25	Kilogrammes

LE PLACERIAS

Le Placerias n'était pas un dinosaure au sens scientifique du terme. Mais sa morphologie atypique mérite que l'on s'y intéresse.

Le Placerias vivait au Trias, et cohabitait donc avec de nombreuses espèces de dinosaures.
Il s'agit en fait d'un reptile, de la famille des Dicynodontes (qui signifie "avec deux dents de chien").

Ces herbivores vivaient un peu partout sur le continent (la Pangée) et se déplaçaient en grands troupeaux composés de centaines d'individus.

Les dinosaures du Trias étant de faible taille, le Placerias était le plus gros herbivore de cette époque.

Il vivait dans les zones très humides, aux abords des rivières. Les paléontologues estiment que ce reptile passait la majorité de son temps dans l'eau, un peu comme un hippopotame.

Son bec tranchant et ses deux grandes dents lui servaient à fouiller le sol en quête de nourriture.

Son crâne était massif et comportait une petite collerette sur l'arrière.

En 1930, Charles Lewis Camp et Samuel Paul Welles, deux paléontologues américains, ont découvert une quarantaine de fossiles de Placerias en Arizona, en Amérique du Nord.

ALIMENTATION	Herbivore	
CLASSIFICATION	Dicynodonte	
PÉRIODE	Trias	
HAUTEUR	1	Mètre
LONGUEUR	3.5	Mètres
POIDS	1	Tonne

LE PROTOCERATOPS

Le Protocératops était un petit dinosaure herbivore de la famille des Marginocéphales. Il est même très probable qu'il soit l'ancêtre du Tricératops.

Le Protocératops n'avait pas de cornes, mais il avait une légère excroissance osseuse sur le nez. Il avait une large collerette protégeant sa nuque. Il semble que cette collerette soit de taille différente en fonction du sexe du dinosaure. Les mâles avaient une collerette plus développée que les femelles. Son bec, en avant de sa bouche, était puissant et pouvait couper des branchages robustes. Ses dents étaient larges et lui permettaient de broyer les végétaux les plus coriaces.

Le Protocératops vivait en troupeau, dans des régions arides et désertiques. Les paléontologues pensent qu'il se nourrissait en fouillant le sol avec son bec, à la recherche de racines et autres végétaux enterrés.

Le premier fossile de Protocératops a été découvert en 1922 en Mongolie, en Asie.

Protocératops signifie "première tête à corne".

ALIMENTATION	Herbivore
CLASSIFICATION	Marginocéphale
PÉRIODE	Jurassique
HAUTEUR	1 Mètre
LONGUEUR	2 Mètres
POIDS	150 Kilogrammes

LE PSITTACOSAURE

Le Psittacosaure était un petit dinosaure herbivore, vivant au début du Crétacé dans les régions de l'actuelle Asie (Chine, Sibérie, Mongolie).

Ce dinosaure était un Cératopsien primitif (c'est-à-dire un lointain ancêtre des dinosaures comme le Tricératops par exemple).

L'arrière de son crâne possédait une toute petite collerette osseuse, presque invisible. Les os de ses joues formaient deux petites cornes.

Le Psittacosaure était bipède et quadrupède. Pour s'enfuir en cas de danger, il pouvait courir rapidement sur ses pattes arrières. Pour se nourrir, ou se déplacer de manière plus paisible, il utilisait ses quatre pattes. Il se servait aussi très certainement de ses pattes avant pour trouver de la nourriture dans le sol.

Son bec puissant lui permettait de couper des végétaux coriaces. Chose étonnante, sa mâchoire inférieure était capable de coulisser d'avant en arrière. Ainsi, le dinosaure pouvait plus facilement broyer les végétaux.

Plusieurs fossiles de Psittacosaures renfermaient des petites pierres au niveau de l'estomac (gastrolithes).

Le premier fossile de Psittacosaure a été découvert en 1923 par Henry Fairfield Osborn, un paléontologue américain.

Psittacosaure signifie "lézard perroquet".

ALIMENTATION	Herbivore
CLASSIFICATION	Marginocéphale
PÉRIODE	Début du Crétacé
HAUTEUR	1 Mètre
LONGUEUR	2 Mètres
POIDS	25 Kilogrammes

LE PYRORAPTOR

Le Pyroraptor était un petit dinosaure carnivore et bipède.

Il était de la même famille que le Vélociraptor ou le Deinonychus.

La dentition de ce dinosaure ne lui permettait pas de briser des os trop robustes.

Sa morphologie indique que le Pyroraptor était un chasseur rapide et agile.

Il s'attaquait principalement à de petits animaux, comme des petits mammifères ou des petits reptiles. Ses griffes acérées, aussi bien pour ses membres inférieurs que supérieurs, lui permettaient d'agripper et de déchiqueter ses petites proies.

ALIMENTATION	Carnivore
CLASSIFICATION	Théropode
PÉRIODE	Crétacé
HAUTEUR	0.6 Mètre
LONGUEUR	1.6 Mètre
POIDS	30 Kilogrammes

Il est également probable qu'il se nourrissait d'œufs lorsqu'il trouvait un nid. Les griffes du Pyroraptor étaient capables de gratter le sol et de déterrer des œufs de dinosaures ou de reptiles.

Les paléontologues pensent que les Pyroraptors pouvaient vivre et chasser en petits groupes.

L'unique fossile de Pyroraptor a été découvert en France en 1989. C'est un incendie de forêt qui a permis sa découverte, le feu ayant mis en évidence les ossements.

Pyroraptor signifie "voleur de feu".

LE SPINOPHOROSAURE

Le Spinophorosaure était un Sauropode, comme le célèbre Diplodocus.

Il était toutefois deux fois plus petit, malgré ses 13 mètres de long.

Ce dinosaure vivait très probablement en troupeau, dans les régions de l'Afrique.

La particularité du Spinophorosaure était sa queue, dont l'extrémité comportait quatre longues pointes osseuses très piquantes.

Lorsqu'il était attaqué, il pouvait porter un coup puissant à son adversaire. La mobilité de ses vertèbres caudales (c'est-à-dire les vertèbres de sa queue) lui permettait de frapper au ras du sol ou à plusieurs mètres de hauteur.

Le Spinophorosaure était l'un des rares Sauropodes à posséder une telle arme.

Le Spinophorosaure a été découvert en 2009 au Niger, en Afrique.

Spinophorosaure signifie "lézard qui porte des épines".

ALIMENTATION	Herbivore	
CLASSIFICATION	Sauropodomorphe	
PÉRIODE	Jurassique	
HAUTEUR	6	Mètres
LONGUEUR	13	Mètres
POIDS	7	Tonnes

LE SPINOSAURE

Le Spinosaure vivait au Crétacé, dans les régions de l'Afrique du Nord et du Moyen-Orient.

Le Spinosaure était un prédateur effrayant, probablement le plus grand des dinosaures carnivores. Grâce à sa morphologie, il pouvait atteindre une vitesse de 35 km/h.

Ses mâchoires allongées et ses dents acérées lui permettaient de chasser des proies terrestres mais aussi des proies aquatiques, comme des poissons ou des reptiles marins.

Son dos comportait de longues épines osseuses de plus de deux mètres de haut, recouvertes d'une peau tendue afin de former une voile. Les paléontologues s'interrogent encore sur la fonction précise de cet organe : Régulateur thermique ? Parades nuptiales ? Protection contre les prédateurs ?

Ses bras étaient plus développés que ceux des autres grands carnivores de son époque, comme le Tyrannosaure. Il est d'ailleurs probable que le Spinosaure pouvait se déplacer à quatre pattes sur une courte distance.

Ses pattes arrières et ses pieds larges lui permettaient de courir sur des sols boueux ou immergés. Il est même possible que le Spinosaure ait été capable de nager.

Le premier spécimen de Spinosaure a été découvert en 1912 au nord de l'Egypte, par Ernst Tomer, un paléontologue allemand.

Spinosaure signifie "lézard épineux".

ALIMENTATION	Carnivore
CLASSIFICATION	Théropode
PÉRIODE	Crétacé
HAUTEUR	7 Mètres
LONGUEUR	21 Mètres
POIDS	10 Tonnes

LE STEGOSAURE

Le Stégosaure était l'un des dinosaures les plus facilement identifiables.

Des plaques osseuses étaient dressées sur son dos, son cou, et sa queue.

Ces plaques avaient très certainement une double fonction : Protéger le Stégosaure des attaques et éviter une morsure au niveau de la colonne vertébrale, et réguler la température interne de l'animal. Ces plaques étaient en effet parcourues de vaisseaux sanguins. Ainsi, le Stégosaure pouvait réchauffer ou refroidir sa température, selon si il se plaçait au soleil ou à l'ombre.
Certains paléontologues pensent aussi que ces plaques, et surtout leur couleur rouge due à l'activité sanguine, pouvaient avoir un rôle dans la reproduction, en attirant les partenaires.

Le Stégosaure possédait également quatre pointes osseuses au bout de la queue. En fouettant son adversaire avec, il pouvait infliger de graves blessures. Ces pointes pouvaient atteindre un mètre de long.

Le premier fossile de Stégosaure fut découvert en 1877 dans le Colorado, en Amérique du Nord.

Stégosaure signifie "reptile avec un toit".

ALIMENTATION	Herbivore	
CLASSIFICATION	Thyréophore	
PÉRIODE	Jurassique	
HAUTEUR	4	Mètres
LONGUEUR	9	Mètres
POIDS	3	Tonnes

LE THERIZINOSAURE

Le thérizinosaure était un dinosaure énigmatique.

Tout d'abord, sa classification a posé beaucoup de soucis aux scientifiques. À cause du peu de fossiles découverts, il fut d'abord classé parmi les tortues ! Il a été classé dans la famille des Théropodes cinquante ans après sa découverte.

Ensuite, sa morphologie interroge. En effet, le Thérizinosaure avait de très longues griffes au niveau des membres supérieurs, qui pouvaient mesurer jusqu'à 70 centimètres. Cet élément anatomique n'est pas courant chez les dinosaures. Ces griffes ne pouvaient pas être utilisées comme moyen de défense ou d'attaque. Elles étaient trop longues, trop lourdes et trop fragiles pour combattre.

Enfin, son cou était plus long que celui des autres Théropodes, et sa tête était plus petite.

Il semblerait que le Thérizinosaure était vraiment un dinosaure à part. Il pouvait se nourrir de petits animaux, mais son régime alimentaire était surtout végétarien. C'était donc l'un des rares dinosaures omnivores connus à ce jour.

Ses griffes lui servaient probablement à ramasser les plantes des marais et des zones humides.

Le Thérizinosaure fut découvert en 1948 en Mongolie.

Thérizinosaure signifie "reptile faucheur".

ALIMENTATION	Omnivore
CLASSIFICATION	Théropode
PÉRIODE	Crétacé
HAUTEUR	5 Mètres
LONGUEUR	12 Mètres
POIDS	6 Tonnes

LE TRICERATOPS

Le Tricératops était un dinosaure herbivore de la fin du Crétacé.

Facilement reconnaissable, sa tête comportait une large collerette osseuse couvrant sa nuque, ainsi que trois cornes (deux sur le front et une sur le nez). Les deux longues cornes frontales pouvaient atteindre un mètre de long chacune.
Le Tricératops possédait également une sorte de bec osseux sur le devant de sa bouche.

Ses cornes servaient surtout à se défendre contre des grands prédateurs, comme le Tyrannosaure, qui vivait à la même période et dans les mêmes régions.

Sa collerette servait bien évidemment de protection, comme un bouclier, mais les paléontologues pensent qu'elle servait aussi de régulateur thermique.
Cet organe était très vascularisé, c'est-à-dire qu'il comportait un grand réseau de veines. Ainsi, le Tricératops pouvait réguler sa température interne, en exposant sa collerette au soleil pour se réchauffer ou à l'ombre pour se rafraichir.

ALIMENTATION	Herbivore
CLASSIFICATION	Marginocéphale
PÉRIODE	Fin du Crétacé
HAUTEUR	4 Mètres
LONGUEUR	9 Mètres
POIDS	6 Tonnes

Le premier fossile de Tricératops fut découvert en 1888 en Amérique du Nord.
En 2014, les restes du plus gros Tricératops connu furent découverts dans le Dakota du Sud. Son crâne mesurait 2.62 mètres de long et 2 mètres de large. Ses cornes frontales mesuraient 1.20 mètre. Ce spécimen a été surnommé Big John.

Tricératops signifie "tête à trois cornes".

LE TYRANNOSAURE

Le Tyrannosaure, dont le nom complet est "Tyrannosaurus Rex", a vécu à la fin du Crétacé, en Amérique du Nord, en Chine et en Mongolie.

Ce grand carnivore bipède était pourvu de pattes puissantes et de petits bras. Sa queue massive lui servait principalement de balancier, pour l'équilibre.

Le Tyrannosaure était un prédateur redoutable !

Sa mâchoire contenait une soixantaine de dents tranchantes, qui pouvaient mesurer chacune presque 20 centimètres. Ses dents se renouvelaient régulièrement, afin de rester fortes et acérées. Sa vision lui permettait de détecter le moindre mouvement aux alentours.

Le Tyrannosaure pouvait courir à la vitesse de 25 km/h.

Les paléontologues pensent que les bras du Tyrannosaure se sont progressivement atrophiés au cours de l'évolution pour compenser le poids de sa tête.

Le premier fossile de Tyrannosaure a été découvert en 1902 par Barnum Brown et Henry Fairfield Osborn, dans le Montana, en Amérique du Nord.

Les premiers os découverts furent un fémur et l'os du bassin. Les os étaient si lourds qu'il fallut construire un traineau et le faire tirer par des chevaux pour les transporter jusqu'à la route.

Tyrannosaurus Rex signifie "roi des lézards tyrans".

ALIMENTATION	Carnivore	
CLASSIFICATION	Théropode	
PÉRIODE	Fin du Crétacé	
HAUTEUR	6	Mètres
LONGUEUR	13	Mètres
POIDS	8	Tonnes

LE VELAFRONS

Le velafrons était un Ornithopode de la période du Crétacé.

Cet herbivore massif vivait dans les zones côtières de l'ouest de l'actuel continent nord-américain.

La particularité de ce dinosaure était sa crête osseuse proéminente sur le haut de son crâne.

Nous ne savons pas exactement à quoi servait cette crête. Elle pouvait servir pour se défendre, mais elle ne semblait pas être totalement adaptée pour porter des coups, tout comme le reste du crâne.

Il est plus probable qu'elle servait tout simplement d'apparat, un peu à la manière de la crête des coqs. Ainsi, cette crête pouvait renseigner sur le caractère sexuel du dinosaure (mâle ou femelle) et sa maturité. Enfin, la crête pouvait aider à la régulation thermique du Velafrons.

Toutefois, il existe peu de fossiles de cette espèce, et il est difficile d'établir avec certitude la fonction de cette excroissance osseuse sans en connaitre la couleur, l'évolution précise en terme de croissance, et la différenciation sexuelle.

Le premier fossile fut découvert en 2007 au Mexique, en Amérique du Nord.

Velafrons signifie "voile sur le front".

ALIMENTATION	Herbivore	
CLASSIFICATION	Ornithopode	
PÉRIODE	Crétacé	
HAUTEUR	3	Mètres
LONGUEUR	8	Mètres
POIDS	4	Tonnes

LE VELOCIRAPTOR

Le Vélociraptor était un petit carnivore bipède ayant vécu à la fin du Crétacé.

Très représenté dans les films sur les dinosaures, le Vélociraptor était en réalité plus petit que ce que l'on pense.

Sa morphologie lui permettait d'atteindre une vitesse de course de 60 km/h.

Sa mâchoire possédait 80 dents acérées.

L'analyse de son crâne montre que le volume de son cerveau était relativement grand par rapport à sa taille, ce qui laisse penser que ce dinosaure avait une intelligence supérieure à celle des autres prédateurs de son époque.

Le Vélociraptor était pourvu d'une griffe courbée et rétractile de 15 centimètres sur l'orteil intérieur des membres postérieurs (c'est-à-dire ses pattes arrières). Cette griffe lui permettait de déchiqueter ou d'éventrer ses proies.

En 1971, un fossile incroyable a été découvert en Mongolie. Il s'agit du fossile d'un Vélociraptor et d'un Protocératops. Les deux dinosaures étaient certainement en plein combat lorsqu'une dune de sable les a enseveli. L'une des griffes du Vélociraptor était plantée dans le cou du Protocératops.

Le premier fossile de Vélociraptor a été découvert en 1922 dans le désert de Gobi, en Mongolie.

Vélociraptor signifie "voleur rapide".

ALIMENTATION	Carnivore
CLASSIFICATION	Théropode
PÉRIODE	Fin du Crétacé
HAUTEUR	1.2 Mètre
LONGUEUR	2 Mètres
POIDS	20 Kilogrammes

LES REPTILES VOLANTS

Les reptiles volants n'étaient pas des dinosaures, mais ils les côtoyaient chaque jour.

Cette grande famille de reptile, appelée Ptérosaures, est divisée en deux groupes :

- Les Pterodactyloidea, qui avaient une queue très courte et dont l'aile était soutenue par un seul doigt.
- Les Rhamphorhynchidea, plus archaïques, qui possédaient une queue plus longues et des ailes plus courtes.

L'ANHANGUERA

L'Anhanguera était un reptile volant vivant dans les régions de l'actuelle Amérique du Sud, mais aussi en Europe.

Ses ailes immenses avaient une envergure de 4.5 mètres. L'envergure est la largeur totale d'un oiseau quand il a les ailes complètement déployées. En d'autres termes, c'est la distance entre les deux extrémités des ailes en position étendue.

Les ailes de l'Anhanguera, comme pour les autres Ptérosaures de la même famille, étaient constituées d'une membrane de peau tendue entre les doigts. Un seul doigt (le quatrième) soutenait la moitié externe de l'aile, de son milieu à son extrémité.

Sa longue mâchoire était évasée et contenait des dents longues et pointues.

L'Anhanguera vivait au niveau des zones côtières et des grands espaces d'eau (grands lacs par exemple).
Il mangeait principalement des poissons, qu'il venait attraper à la surface de l'eau avec ses puissantes mâchoires . Il est probable que l'Anhanguera se nourrissait aussi de charognes (c'est-à-dire des cadavres d'animaux) et d'insectes. Il faut savoir qu'à cette époque, il existait des insectes de très grande taille. Par exemple, la libellule géante, nommée Meganeura, mesurait plus de trente centimètres d'envergure. Un excellent repas pour l'Anhanguera !

Compte tenu de la finesse de ses pattes postérieures, l'Anhanguera devait passer la plupart de son temps à voler.

Le premier fossile fut découvert en 1985 au Brésil.

Anhanguera signifie "vieux diable".

ALIMENTATION	Piscivore
CLASSIFICATION	Pterodactyloidea
PÉRIODE	Crétacé
ENVERGURE	4.5 Mètres
LONGUEUR	1.5 Mètre
POIDS	125 Kilogrammes

LE DIMORPHODON

Le Dimorphodon vivait à l'époque du Jurassique.

Il est l'un des plus anciens Ptérosaures connus à ce jour.

L'analyse de son squelette révèle que la taille des ailes ne permettait pas au Dimorphodon de voler sur de longues distances.
Il est probable qu'il se déplaçait même la plupart du temps au sol, comme un quadrupède, et qu'il grimpait aux arbres pour se reposer hors de portée des prédateurs.

Pendant longtemps, les scientifiques ont cru que le Dimorphodon se nourrissait de poissons. Mais une telle alimentation aurait nécessité que ce petit reptile soit habile en volant, et ce n'était pas le cas.
En réalité, le Dimorphodon se nourrissait d'insectes, de petits reptiles et de petits mammifères.

Les premiers fossiles de Dimorphodon ont été découverts en Angleterre en 1828, par Mary Anning, une collectionneuse de fossiles.

Dimorphodon signifie "deux formes de dents".

En effet, le Dimorphodon avait deux types de dents : Des dents longues et pointues sur le devant de ses mâchoires, et des dents courtes et plates à l'arrière. Cette particularité est rare chez les reptiles, qu'ils soient terrestres, volants, ou aquatiques.

ALIMENTATION	Carnivore	
CLASSIFICATION	Rhamphorhynchoidea	
PÉRIODE	Jurassique	
ENVERGURE	1.4	Mètre
LONGUEUR	1	Mètre
POIDS	2	Kilogrammes

LE PTERODACTYLE

Le Ptérodactyle était un reptile volant de taille modeste.

Il est le premier reptile volant à avoir été découvert et identifié.

Le Ptérodactyle mangeait principalement des poissons et autres petits vertébrés.
Ses mâchoires comportaient 90 dents.
Une crête ornait le sommet de son crâne. Cet appendice était formé principalement par des tissus mous (chair, peau), mais comportait également une base osseuse.

Le Ptérodactyle était ovipare, comme tous les autres reptiles volants. Il pondait donc des œufs dans des nids qu'il construisait en hauteur, sur des falaises par exemple.

Les premiers fossiles du Ptérodactyle ont été découverts en Allemagne, et plus précisément en Bavière. Lors de cette découverte, la membrane de l'aile avait bien évidemment disparue. Le squelette laissait donc apparaitre, au niveau des ailes, un doigt très allongé (le quatrième). Ceci perturba beaucoup les scientifiques.

En 1784, le scientifique italien Cosimo Alessandro Colline l'identifia comme un reptile aquatique.

En 1800, Jean Hermann, un scientifique français, a émis l'hypothèse que le quatrième doigt du reptile soutenait une aile formée d'une membrane.

En 1809, Georges Cuvier, un paléontologue français, le classa pour la première fois dans la famille des reptiles volants.

Ptérodactyle signifie "doigt ailé".

ALIMENTATION	Piscivore	
CLASSIFICATION	Pterodactyloidea	
PÉRIODE	Jurassique	
ENVERGURE	1	Mètre
LONGUEUR	0.6	Mètre
POIDS	2	Kilogrammes

Le Quetzalcoatlus était un immense Ptérosaure.

Son envergure était de 10 mètres, et sa longueur totale en vol était de 8 mètres (du bout du bec à l'extrémité de ses pattes arrières, qui étaient en position horizontale durant le vol). Au sol, il mesurait 6 mètres de haut.

Son corps était recouvert de petits poils très denses appelés pycnofibre. En réalité, ces petits filaments fins et souples étaient une structure entre le poil et la plume. D'ailleurs, la majorité des ptérosaures en étaient recouverts.

Le Quetzalcoatlus avait un immense bec, dont la longueur pouvait dépasser 1.5 mètre.

Le Quetzalcoatlus se nourrissait très certainement de poissons pêchés dans les grandes étendues d'eau douce (comme les lacs) et de vertébrés (amphibiens, mammifères...).

Malgré son gabarit, le Quetzalcoatlus pouvait décoller à partir du sol. C'est en tout cas ce que pensent certains paléontologues. Pour pouvoir s'envoler, le Quetzalcoatlus faisait un saut lui permettant d'ouvrir ses ailes et d'avoir l'impulsion nécessaire à l'envol.

Le premier fossile de Quetzalcoatlus a été découvert en 1971 au Texas (USA).

Le nom Quetzalcoatlus vient de "Quetzalcóatl", un Dieu des civilisations Aztèques, Mayas, et Toltèques. On l'appelait aussi le "serpent à plumes".

ALIMENTATION	Piscivore
CLASSIFICATION	Pterodactyloidea
PÉRIODE	Crétacé
ENVERGURE	10 Mètres
LONGUEUR	8 Mètres
POIDS	250 Kilogrammes

LE THALASSODROMEUS

Le Thalassodromeus vivait dans les régions de l'actuel Brésil.

Son bec ne comportait aucune dent, mais ses bords étaient très tranchants.

Son crâne, facilement reconnaissable, comportait une grande crête osseuse. Elle s'entendait du bout de son bec jusqu'à l'arrière de son crâne. Malgré sa taille, elle était légère.

Les scientifiques s'interrogent encore sur la fonction précise de cette crête.

Il est probable qu'elle ait eu plusieurs fonctions. Elle devait tout d'abord aider à la régulation thermique du Thalassodromeus. Ensuite, elle était très certainement un signal de maturité sexuelle, en grandissant au fur et à mesure que le Thalassodromeus vieillissait.

Les paléontologues ne savent pas exactement comment se nourrissait le Thalassodromeus. Ils ont d'abord pensé qu'il se nourrissait de poissons, en les capturant à la surface de l'eau en plein vol, mais la taille et la forme de la mâchoire ne semblent pas compatibles.

L'hypothèse la plus vraisemblable est que le Thalassodromeus se nourrissait au sol, en capturant des insectes, et même des proies de taille importante, comme des reptiles, batraciens, ou mammifères.

Le Thalassodromeus fut découvert en 1983 au Brésil.

Thalassodromeus signifie "coureur des mers".

ALIMENTATION	Piscivore
CLASSIFICATION	Pterodactyloidea
PÉRIODE	Crétacé
ENVERGURE	4.5 Mètres
LONGUEUR	1.5 Mètre
POIDS	10 Kilogrammes

LES REPTILES MARINS

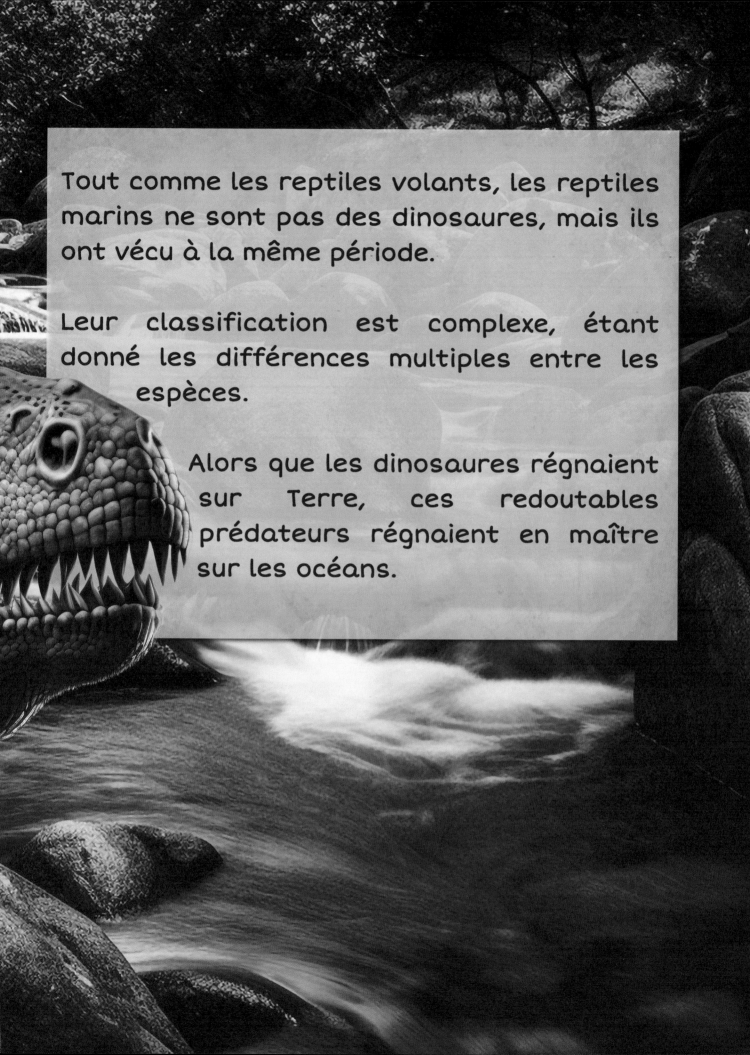

Tout comme les reptiles volants, les reptiles marins ne sont pas des dinosaures, mais ils ont vécu à la même période.

Leur classification est complexe, étant donné les différences multiples entre les espèces.

Alors que les dinosaures régnaient sur Terre, ces redoutables prédateurs régnaient en maître sur les océans.

L'ÉLASMOSAURE

L'Élasmosaure était un reptile marin gigantesque.

Il pouvait mesurer jusqu'à 14 mètres de long. Son cou comportait 76 vertèbres et représentait plus de la moitié de sa taille.

Pour se déplacer dans les fonds marins, l'Élasmosaure utilisait ses quatre membres en forme de nageoires. Toutefois, sa morphologie semble indiquer qu'il ne pouvait pas évoluer dans des eaux trop profondes.

Il faut aussi noter que l'Élasmosaure était un reptile, et qu'il respirait donc de l'air. Ce n'était pas un poisson. Il devait donc aller chercher l'air à la surface de l'eau régulièrement, comme les crocodiles (qui sont des reptiles) ou les dauphins (qui sont des mammifères).

Malgré sa taille, l'Élasmosaure se nourrissait très certainement de poissons de taille modeste, ainsi que d'autres animaux marins, comme des céphalopodes primitifs.

Le premier fossile fut découvert en 1867 dans le Kansas, aux États-Unis.

Un an plus tard, Edward Drinker Cope, un paléontologue américain, reçut les ossements et commença à les étudier. Cependant, il a commis une erreur lors de la reconstitution du squelette. Il plaça le crâne au bout de la queue, et non au bout du cou. L'Élasmosaure se retrouva alors avec un petit cou et une très longue queue. C'est Othniel Charles Marsh qui fit remarquer l'erreur à son collègue.

Élasmosaure signifie "reptile en ruban".

ALIMENTATION	Piscivore
CLASSIFICATION	Plésiosaure
PÉRIODE	Jurassique - Crétacé
HAUTEUR	3 Mètres
LONGUEUR	14 Mètres
POIDS	2 Tonnes

L'EURHINOSAURUS

L'Eurhinosaurus ressemblait plus ou moins à un dauphin (qui est un mammifère) ou à un espadon (qui est un poisson).

Pourtant, l'Eurhinosaurus était bien un reptile.

C'était un nageur rapide, pouvant certainement atteindre une vitesse d'au moins 60 km/h. Il évoluait dans des eaux assez profondes, aux environs de l'Europe.

L'une des particularités de l'Eurhinosaurus était sa mâchoire supérieure, deux fois plus longue que sa mâchoire inférieure. Ce rostre (qui est en quelque sorte un prolongement osseux du nez) pouvait mesurer jusqu'à 1.5 mètre, et possédait des dents orientées vers l'extérieur.

L'Eurhinosaurus chassait des poissons en les frappant avec son rostre, provoquant de sérieuses blessures dues à la violence du choc. De plus, les dents positionnées sur le côté déchiquetaient les proies.

Comme la majorité des Ichtyosaures, l'Eurhinosaurus avait des yeux relativement grands. De plus, comme le prouve l'analyse des crânes fossilisés, ces reptiles possédaient une très bonne ouïe. Ils détectaient leur proie grâce aux vibrations sous l'eau puis chassaient à vue.

Le premier fossile d'Eurhinosaurus a été découvert en Allemagne en 1909.

Eurhinosaurus signifie "reptile au grand nez".

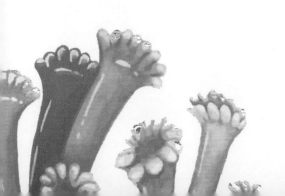

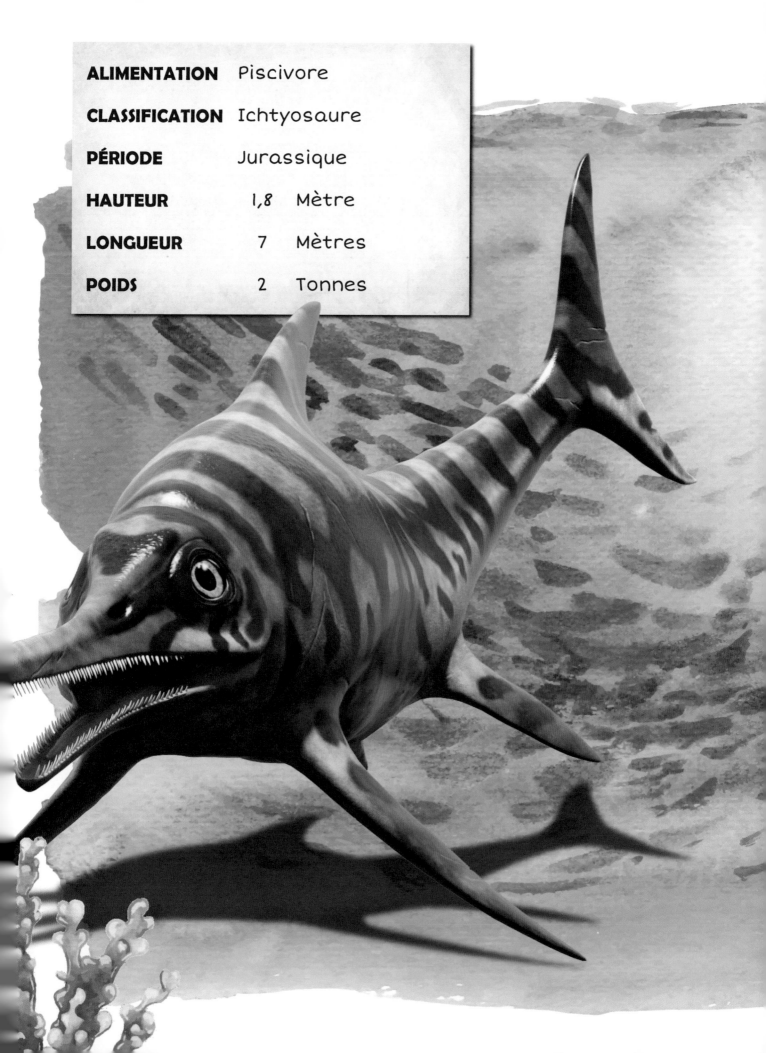

ALIMENTATION	Piscivore	
CLASSIFICATION	Ichtyosaure	
PÉRIODE	Jurassique	
HAUTEUR	1,8	Mètre
LONGUEUR	7	Mètres
POIDS	2	Tonnes

LE LIOPLEURODON

Le Liopleurodon était un reptile marin du Jurassique.

Il vivait dans les régions de l'actuelle Europe. Durant le Jurassique, une grande partie de l'Europe occidentale était recouverte d'eau.

Comme tous les Pliosaures, le Liopleurodon possédait une longue tête aplatie, un peu comme celle des crocodiles. Son cou était court et son corps était massif. Enfin, il possédait quatre nageoires et une queue.

Sa morphologie générale et la forme de ses nageoires démontrent que le Liopleurodon était capable d'accélérations soudaines. Il chassait très certainement à l'affut. Dés qu'une proie passait à sa portée, il surgissait et la capturait.

Le Liopleurodon se nourrissait de poissons, de calamars et autres reptiles aquatiques.

Les premiers fossiles ont été découverts vers les années 1840. C'est Henri Charles Sauvage, un paléontologue français, qui lui donna le nom de Liopleurodon en 1873.

En 1999, une émission télévisée présenta le Liopleurodon comme un immense reptile de 25 mètres de long et pesant 150 tonnes. Les récentes études scientifiques démontrent que ces dimensions étaient fortement exagérées, et que le Liopleurodon mesurait en moyenne 7 mètres à l'âge adulte.

Liopleurodon signifie "dents à face lisse".

ALIMENTATION	Piscivore
CLASSIFICATION	Pliosaure
PÉRIODE	Jurassique
HAUTEUR	1.5 Mètre
LONGUEUR	7 Mètres
POIDS	2 Tonnes

LE NOTHOSAURUS

Le Nothosaurus était à la fois un reptile marin et terrestre.

Il ne possédait pas de nageoires mais des pattes palmées. Il pouvait donc évoluer sans problème sur terre, mais également en milieu aquatique.

ALIMENTATION	Piscivore	
CLASSIFICATION	Nothosauridae	
PÉRIODE	Trias	
HAUTEUR	1	Mètre
LONGUEUR	3	Mètres
POIDS	150	Kilogrammes

Ses pattes, à elles seules, ne pouvaient pas suffire aux déplacements sous l'eau, et le Nothosaurus se servait principalement de sa queue pour se propulser.

Sa dentition laisse penser qu'il se nourrissait en majorité d'espèces aquatiques. En effet, ses longues dents fines et pointues sont tout à fait adaptées pour agripper un poisson.

Son mode de reproduction était celui d'un reptile terrestre. Il pondait des œufs qu'il enfouissait dans le sol, très certainement au niveau des plages sableuses.
Toutefois, compte tenu de la morphologie du Nothosaurus, l'accouplement devait avoir lieu dans l'eau.

Le Nothosaurus vivait sur le littoral des régions de l'Europe, de l'Afrique du Nord et de l'Asie.

Certains paléontologues pensent que des reptiles comme le Nothosaurus ont pu évoluer et donner naissance à des reptiles de la famille des Plésiosaures.

Le premier fossile a été découvert en 1834 en Allemagne.

Nothosaurus signifie "lézard mixte".

LE TYLOSAURUS

Le Tylosaurus était un reptile de la famille des Mosasauridés. Visuellement, les reptiles de cette famille ressemblaient quelque peu aux reptiles de la famille des Pliosaures. Toutefois, il s'agit bien de deux familles distinctes.

D'une manière générale, les Mosasauridés avaient une tête ressemblant à celle d'un lézard, et avaient une queue très longue. Les varans, par exemple, sont des descendants des Mosasauridés.

Le Tylosaurus était un très grand prédateur marin. Pouvant atteindre 14 mètres de long, il écumait les océans entourant les régions nord-américaines, mais aussi européennes, africaines et sud-américaines.

Le Tylosaurus avait un crâne de forme ovale, avec un long museau osseux robuste. Il est probable qu'il fonçait sur ses proies et les frappait de plein fouet avec son museau.

C'était un féroce prédateur, chassant dans les eaux peu profondes. Il s'attaquait aux poissons, aux tortues, mais aussi aux oiseaux et aux animaux terrestres s'aventurant dans l'eau. En 1918, un fossile de Tylosaurus a été découvert avec les restes d'un jeune Plésiosaure dans son estomac.

Les premiers fossiles ont été découverts en 1868 au Kansas (USA).

Tylosaurus signifie "lézard à protubérance", en rapport avec la forme de sa tête.

ALIMENTATION	Piscivore
CLASSIFICATION	Mosasauridé
PÉRIODE	Crétacé
HAUTEUR	2 Mètres
LONGUEUR	14 Mètres
POIDS	10 Tonnes

EXTINCTION

Après 190 millions d'années de règne, les dinosaures disparaissaient.

Cette extinction, survenue à la fin du Crétacé, a longtemps questionné les scientifiques, et est encore un sujet de débat.

Ce qui est certain, c'est que les dinosaures se sont éteints il y a 66 millions d'années, ainsi qu'une grande partie des autres espèces animales et végétales.

LA FIN DES DINOSAURES

Il y a 66 millions d'années, environ 75% de la vie terrestre (faune et flore) disparaissait.

Mais comment savons-nous à quelle période cet évènement s'est déroulé ?

C'est encore une fois grâce aux fossiles. Comme nous l'avons vu au début de ce livre, les paléontologues étudient les couches géologiques pour dater les fossiles. Pour cela, ils utilisent différentes techniques, comme par exemple la radiométrie, qui permet de dater l'âge d'une roche.

La couche correspondant à la période du Crétacé est la dernière couche à contenir des fossiles de dinosaures. La couche suivante, correspondant à la période du Paléocène, n'en contient pas. Le Paléocène est une période de l'ère Cénozoïque, et qui succède au Crétacé.

Arrive donc la question la plus importante : Pourquoi les dinosaures ont-ils disparu ?

Aujourd'hui, la plupart des scientifiques estiment que l'extinction des dinosaures est due à plusieurs évènements de grande ampleur.

À la fin du Crétacé, le climat s'est refroidi. La cause est incertaine, mais il est probable que les mouvements des continents en soient en partie responsables.

Cette période a également été marquée par une baisse du niveau des océans, ce qui a certainement contribué à la chute des températures.

Ces évènements impactèrent la faune (les animaux) et la flore (les plantes). Certaines espèces ont pu s'adapter, et d'autres pas. Ce qui est certain, c'est que beaucoup d'espèces vivantes ont été fragilisées lors de cette période.

Toujours à la fin du Crétacé, l'activité volcanique sur Terre était très importante. Dans la région de l'Inde, d'énormes volcans crachaient leur lave en quantité phénoménale.

Ces éruptions libérèrent une quantité importante de poussière et de gaz, participant à la chute des températures et à la modification de l'atmosphère.

Enfin, il y a quelques décennies, les scientifiques ont découvert une fine couche d'argile noire entre les couches géologiques du Crétacé et du Paléocène, à plusieurs endroits sur Terre. Cette couche comporte un fort taux d'Iridium, qui est un métal très rare sur Terre, mais abondant dans certaines météorites.

Les scientifiques ont donc émis l'hypothèse qu'un gigantesque astéroïde se serait écrasé sur Terre à cette période.

Dans les années 90, des études ont permis de découvrir le cratère de Chicxulub, situé dans le Yucatan au Mexique. Il s'agit d'un cratère creusé par l'impact d'un astéroïde, qui serait tombé sur Terre il y a 66 millions d'années. Ce cratère mesure 180 kilomètres de diamètre, et 20 kilomètres de profondeur.

Les scientifiques estiment que l'astéroïde devait mesurer plusieurs dizaines de kilomètres de diamètre.

Lors de l'impact, la quantité d'énergie libérée fut immense. Il faudrait faire exploser plusieurs millions de bombes nucléaires pour arriver au même résultat.

Cet impact a eu des conséquences immédiates et catastrophiques : Des quantités astronomiques de poussières, de cendres, et de gaz ont été projetées dans l'atmosphère. L'onde de choc provoqua un gigantesque tsunami qui ravagea les régions côtières et un séisme de grande ampleur à l'échelle planétaire.

Ces conséquences immédiates ont très certainement détruit une grande partie de la faune et de la flore en quelques heures seulement.

Mais les conséquences à long terme ont été, elles aussi, catastrophiques. L'immense nuage de particules (poussières, cendres...) s'étendit peu à peu et enveloppa entièrement la Terre, la plongeant dans l'obscurité pour plusieurs années.

Privée de soleil, la Terre s'est refroidie brutalement. Les végétaux, pour qui la lumière est indispensable, dépérirent très vite. Les herbivores, se nourrissant de végétaux, disparurent eux-aussi peu à peu, par manque de nourriture. Enfin, le manque de nourriture toucha les carnivores, qui ne trouvaient plus assez de proies pour se nourrir.

Ainsi, les dinosaures disparurent... Mais d'autres animaux, capables de s'adapter à ces conditions extrêmes, ont réussi à survivre. Il s'agissait de petits mammifères, de petits reptiles, ou encore d'insectes.

Mais finalement, sommes-nous vraiment certains que les dinosaures ont tous disparu ?

L'HÉRITAGE DES DINOSAURES

Au début de ce livre, nous avons vu que les dinosaures étaient divisés en deux grands groupes, les Saurischiens et les Ornithischiens.

Nous allons nous intéresser aux Saurischiens, et plus particulièrement au groupe des Théropodes.

Les Théropodes étaient donc des dinosaures carnivores, comme le Tyrannosaure par exemple.

Et si je vous disais que les Théropodes existent toujours ?

Car les oiseaux sont des Théropodes ! Pour être exact, les oiseaux appartiennent à la famille des Aves. Et les Aves sont des Théropodes.

Ce n'est pas si étonnant. Nous l'avons vu, certains dinosaures, et notamment des Théropodes, avaient des plumes, comme l'Archéoptéryx par exemple.

Au fil des millénaires, des petits Théropodes ont poursuivi leur évolution. Petit à petit, la morphologie de leur corps, et surtout de leurs membres supérieurs (c'est-à-dire les bras) se sont adaptés au vol.

Et ces petits dinosaures ont réussi à survivre au cataclysme de la fin du Crétacé.

Il est probable que leur petite taille ait contribué à leur survie. Leur régime alimentaire, composé d'insectes, de petits animaux, et même de graines, leur a permis de se nourrir malgré les évènements catastrophiques ayant eu lieu il y a 66 millions d'années.

En 1868, Thomas Huxley, un biologiste britannique, avait déjà démontré les ressemblances entre les Théropodes et les autruches. Les nombreuses découvertes scientifiques du siècle dernier ont prouvé qu'il avait raison.

La prochaine fois que vous regarderez un oiseau dans votre jardin, n'oubliez pas que le Tyrannosaure était l'un de ses vieux cousins.

Printed in Poland
by Amazon Fulfillment
Poland Sp. z o.o., Wrocław
22 May 2024

03de9af6-3e84-4439-a722-54a06b175650R01